PATRICIO ROZAS

EXPERIENCIAS Y RECOMENDACIONES DE UN EMPRENDEDOR

Actúa con coraje y nunca te rindas

PATRICIO ROZAS

EXPERIENCIAS Y RECOMENDACIONES DE UN EMPRENDEDOR

Actúa con coraje y
NUNCA TE RINDAS

Dedico este, mi primer libro, a mis tres hijos, Paula, Patricio y Benjamín y a mi nieto Vicente, quien es otro hijo más que llegó a nuestras vidas.

Se los dedico con mucho amor, mucho cariño y mucho respeto pues ellos han sido muy valientes todas sus vidas. Ellos me han enseñado con su ejemplo a vivir y enfrentar la vida con mucho coraje.

Son personas maravillosas y los amo con todo mi corazón.

ÍNDICE

Agradecimientos..10

Palabras del autor.......................................13

Introducción...15

Comienza...21

    Mi infancia 22
        Sueños de un niño 27
        Mi adolescencia 28
        Una lesión me dio muchas enseñanzas 30

Aprende 37

    Tomar decisiones importantes en mi vida 40
        Comienza mi etapa de mentores y guías 43
    La importancia del esfuerzo 46
    La importancia de los logros 47

Trabaja...48

    Comienzo en la vida laboral............................49
    Necesidad de Pertenecer 50
    Cuidado con la carencia y la decadencia.........54

Encuentra y Emprende 56

    Crecimiento en el oficio que me gustó 57
    Ser independiente 62
    Los comienzos de la independencia................63
    Comienzo del liderazgo y mi primera caída....64
    Ejercicio de Planificación 67

No temas caer...79

    Origen de una gran caída 80
    Separación del matrimonio...........................82
    La pérdida de dos seres queridos 83
    Contención de los hijos para sacarlos adelante87
    Pérdida económica importante......................88

ÍNDICE

Nunca te rindas 93

Comenzar a estabilizar la compañía 96
Desafíos luego de estabilizar la compañía 100
Un nuevo desafío 104

Crece 114

Expandirse y diversificarse en la industria de la minería 115
Cambio de forma de ver la vida 116

Contribuye 118

Mi experiencia de Tony Robbins 119
Necesidad de Certeza 123
Necesidad de Variedad 123
Necesidad de sentirse importante 125
La necesidad de sentirse conectados 126
La necesidad de crecer 126
La necesidad de contribuir o Dar 127

Sugerencias para emprendedores 129

Tener un sueño es el primer requisito 132
Buscar tiempo es el primer paso 134
Actitud - Certeza 137
Comienzo del día 141
Compromiso 143
Confianza 145
Creencias 146
Determinación 147
Disciplina 150
Liderazgo 154
Optimismo 156
Pasión 162
Pensamientos Positivos 166
Postura 168
Resiliencia 169
Visión 171
Clientes 174
Empatía 175
Corazón 177
Confianza 179

Valor **181**

Colaboradores **183**

    Comunicaciones 184

    Empoderamiento 186

    Escucha activa 188

    Involucrar..189

Crecimiento.. **190**

    Lo económico y lo financiero 191

    Exportarse..193

    Activos...195

    Crecimiento Indirecto 196

Desafíos... **197**

    Actitud 198

    Aprender 201

    Anticiparse 202

    Buscar la salida 205

    Concentrarse en las soluciones 206

    ¿Cómo lograr los sueños?.............................209

    Detalles...211

    Experiencia 213

    Mejora constante...214

    Oportunidades...215

Estrategia **216**

    Estrategia...217

    Anclas – Importante.......................................221

    Cambio de paradigma 223

    Constancia y Confianza 225

    Contribuir..226

    Creencias limitantes 228

    Diversificación...230

    Flexibilidad y Planes 234

    Innovación 235

Logros **237**

    Medición...239

    Mirada hacia arriba 247

    Momentum 249

    Negociación 250

    Situaciones complejas....................................252

    Salir de un negocio...254

Valor **257**

    Variedad 261

Visión **262**

Habilidades **264**

ÍNDICE

Mejora constante 267
Marketing **269**
Creación de marca.......................................270
Personalidad 272
Tiempo Real 274
Innovación...276
Sin presionar...278

Un sueño más **279**

Educar **280**

Patricio Rozas **285**

Estudios...**286**
Habilidades como empresario **286**
Cursos de especialización **287**

Agradecimientos

Hace mucho tiempo sueño con escribir. Este libro es mi pequeño gran tributo de agradecimiento a mis hijos Paula, Patricio y Benjamín, a su madre Paula quien me acompañó muchos años, y a la gente que me ha ayudado en todo este proceso, a crecer como persona y emprendedor.

Muy especialmente quiero agradecerle a mi madre. Ella es la primera persona a quien quiero y debo agradecer el poder escribir este libro. Sin ella simplemente yo no existiría en este mundo ni tampoco existirían mis hijos. Ella ha sido, sin saber cuánto, el primer gran motor de mi vida y mi mejor educadora. Sin ella, sin sus palabras, sin su humilde pero inquebrantable honestidad y su infinito e incondicional amor, yo jamás podría haber sido el hombre que hoy soy.

Mis hijos han sido mis más grandes impulsores en este camino de emprender, me han apoyado siempre para seguir creciendo como empresario y como persona.

Mi hija mayor, Paula, no me tuvo a su lado muchos años porque yo tenía que trabajar fuera de la zona a miles de kilómetros de nuestra casa. Por lo general yo iba una vez al mes ya que los turnos que teníamos eran 22 días de trabajo por 8 día de descanso. A eso había que sumarle los días de viaje de ida y el viaje de vuelta de regreso al trabajo durante varios años.

Un hermoso día nació Patricio. Ya con 2 hijos, empecé a pensar que no podía seguir trabajando fuera de mi casa pues tenía motivos suficientes para hacer el esfuerzo que fuera necesario para estar en ella con mis 2 hijos y verlos crecer y sentir la plena felicidad de estar junto a ellos. Cuando Patricio cumplió un año, comencé a pensar que tenía que hacer algo diferente, pues ya no podía seguir con el mismo nivel de trabajo que tenía hasta ese momento. Pensé y pensé hasta que definitivamente tomé la decisión de volver a casa y emprender un camino nuevo. La decisión estaba tomada, empezaría a crear una empresa del mismo tipo a la que yo le prestaba servicios para así llevar el sustento a la casa.

Un tiempo después nació mi hijo Benjamín, quien me ha acompañado en todos los momentos hasta el día de hoy en que me hallo escribiendo mi libro.

Quiero agradecer también a todos los que creyeron en mí y me abrieron las puertas que golpeé en mi camino para emprender. Y también a aquellos que han estado a mi lado en los buenos momentos y en los malos, que siempre me han prestado su oído, una mano y un hombro cada vez que lo necesité.

Como empresario he dedicado mi vida entera a todo lo que es el rubro metal mecánico. Por esta razón quiero expresar mi reconocimiento a las empresas que han confiado en mí para darme la oportunidad y poder asistirlos con proyectos, soluciones, estrategias y documentos. Ha sido un honor que mis empresas sean proveedoras de tan importantes compañías.

Agradezco de todo corazón a todas las personas que han sido colaboradores en el crecimiento de las empresas que represento. Dedico un tributo en especial a quienes durante muchos años me acompañaron en el oficio y profesión, en las malas, en las buenas, en las muy malas y en las muy buenas. Gracias a todo su apoyo he aprendido muchísimo.

Y finalmente dedico mi reconocimiento a las centenas de libros que he leído en mi vida, y que han impactado en mi desarrollo personal con su motivación y entusiasmo a pasar a un nivel distinto de pensamientos.

Cada día podemos dar un pequeño o un gran paso hacia nuestros sueños, sin ninguna restricción. Solamente necesitamos pensar y creer con todo el corazón que lo podemos lograr. Y así lo haces, no dudes, lo lograrás.

Palabras del autor

Muchas personas que me conocen íntimamente y otras que solo me conocen de la industria, me preguntan muchas veces cómo emprender y levantarse después de las caídas en la vida. Siempre les respondo a todos con mi verdad, que es simple: Mi respuesta es que, si me imprimo con pensamientos positivos, a cada paso de mi trayectoria aparece una voz interna que me lleva a contestarme una sola pregunta: "¿cómo lograr mi objetivo?". Esa pregunta calla a la otra voz interna, la del miedo, que me dice que no siga intentando más y quiere convencerme de que no hay motivos para seguir.

Cuando uno se propone desafiarse a uno mismo, y está convencido que lo va a lograr, no hay ninguna barrera que se lo impida.

Caídas se va a tener. Pero hay que levantarse. Siempre la mejor opción para mí fue tener una actitud positiva ante cualquier situación, por difícil que pueda parecer.

Nadie quiere fracasar en la vida, pero debemos entender que el éxito no es solamente económico. Hay una satisfacción más profunda que da el crecimiento, llegar a tus sueños, que crea una fuerza interior llena de energía.

Esta fuerza te impulsará a seguir adelante. Y llegará un día en que lograrás alcanzar tu recompensa por todo el sacrificio y esfuerzo que has puesto en tu emprendimiento.

Actúa con coraje y NUNCA TE RINDAS.

Introducción

Después de muchos años he determinado que es necesario e importante para mí escribir un libro donde pudiera explicar claramente mis experiencias y recomendaciones como empresario.

Siento que tengo mucha empatía con la gente común, pues yo soy un hombre común, y por ello quiero compartir con todos aquellos que hoy son empresarios o que desean serlo, mi historia personal, mi vida y mi experiencia. Cómo fue mi vida y lo que ella fue para mí, cómo fue mi niñez, mi adolescencia y también como fui evolucionando conforme pasaba el tiempo y me convertí en empresario.

A cada una de las personas que lean este libro les anticipo que principalmente está escrito para que ustedes puedan tener la capacidad de cumplir su sueño y creer. Todos debemos replantearnos y cambiar nuestras vidas, pase lo que pase.

Lo más importante: siempre debes tener un sueño, y lo único que debes hacer para lograrlo es hacer, hacer y hacer con corazón y con optimismo. Debes pensar en cómo puedes lograr empezar y seguir creciendo, y debes comprometerte a no estancarte en ningún momento.

Lo más importante que aprendí durante todos estos años y todo lo que pasé para cumplir un sueño, es sentir empatía. La empatía se logra entendiendo a las personas, a los clientes, los socios, los consumidores, los empleados, los proveedores, la competencia y la comunidad. Es importante entender lo que el otro sabe, siente, y necesita.

Era importante entender lo que sabía en cada momento, lo que sentía, y lo que necesitaba.

Es importante que al emprender desarrolles empatía. No se puede avanzar sin conocer a los demás.

He pasado por experiencias fuertes en mi vida, y siempre sentí la necesidad de levantarme cuando veía que la esperanza se desvanecía. Pero aprendí que los desafíos en la vida son oportunidades para crecer y mejorar.

El objetivo de escribir este libro es ayudar a quienes lo necesiten para vencer esos desafíos. A veces los podemos manejar, pero en vez de enfrentarlos nos quedamos inmóviles. Sabemos que debemos hablar con nuestros empleados en el terreno, pero en muchas oportunidades nos quedamos cómodos en nuestras oficinas ignorando el sentir del otro.

En este libro logré ordenar y exponer todos los temas que me han tocado en la vida y que me exigieron replantearme cambios profundos sobre la marcha, tanto desde lo empresarial como desde lo personal. En definitiva, ambos ámbitos están relacionados, uno afecta al otro, ya sea en forma positiva o negativa, se quiera o no.

Es importante tener la convicción de que, si te caes, puedes levantarte. Hay que tener el entendimiento de que hay que salir a caminar todos los días, golpear puertas, hacer llamados, recordar nombres. Y siempre hay que estar convencido de que lo vas a lograr, no podemos aceptar en nuestras mentes un escenario desfavorable.

Debes cuidar a tu empresa, pero también debes cuidarte tú. Debes cuidar tu salud, no solo la de tu cuerpo sino la de tus pensamientos y tus emociones, pues necesitas además tener toda la fuerza, las ganas, y la certeza de que vas a hacer todo lo que sea necesario para lograr tus sueños.

A esta salud del pensamiento y de las emociones yo le llamo actitud, que según el diccionario significa sostener una postura correcta frente a las circunstancias. No puedo verme derrotado y encorvado frente al espejo y frente a la vida. Debo verme parado erguido, y convencido que podré hacerlo. Y convencido que, si no logro algo, insistiré. La persistencia es salud de pensamiento y es la clave en la vida del emprendedor.

Siempre debes pensar en cómo construir el cambio que necesitas para empezar y luego para crecer y seguir creciendo. Y tener un plan de cómo sostendrás ese cambio y crecimiento. La vida nos presenta inconvenientes, y hay que salir de ellos para demostrarnos que podemos hacerlo.

¿Se puede construir con muy poco dinero? Sí, por eso este libro. Yo empecé con poco dinero, crecí, me caí, salí, crecí otra vez, volví a caerme, y volví a ponerme de pie. Y en cada paso aprendí y mejoré. Por eso estoy convencido que podré ayudar a muchas personas.

Este no es un libro de finanzas personales, este es un libro de crecimiento, desarrollo, y autoayuda empresarial y personal.

Voy a ayudarte para que puedas mirar hacia adelante cuando hayas experimentado caídas. Quiero que mis palabras te animen a luchar contra cualquier obstáculo que se te presente en la vida. Se trata de actuar con coraje, siempre creyendo que lo vas a lograr. Pues si lo crees, se cumplirá. Si lo crees, tu mente y tu cuerpo se organizarán para que lo logres.

Quiero que este libro esté lleno de ideas para que cada uno, con sus habilidades e inteligencia, pueda crecer. Y que cuando haya caídas, hacer que no sean tan dolorosas. Quiero que encuentres herramientas en mis palabras. Creo que la vida se construye con experiencias, ejemplos, sueños, pasión, y perseverancia.

Por esta misma razón quiero que puedas concentrarte en la misión de tu vida y mirar hacia lo que soñaste; y cuando caigas, que te pares, camines, y corras hacia adelante. Si en algún momento te vuelves a tropezar, este libro te ayudará a pararte y seguir corriendo hasta lograr tus sueños, tus anhelos, y la vida que quieres vivir.

He pensado que todas las personas que tengan la posibilidad de hacer cosas importantes, que actúen y las hagan. Por esta misma razón, he compartido aquí mi vida, desde mi infancia hasta la fecha de publicación de este libro, contándoles cómo ha ido evolucionando a través del tiempo.

El que quiera hacer cambios en su vida tiene todo para hacerlo. Con este libro pretendo que te inspires, porque este libro está hecho de experiencias reales donde cada obstáculo que he tenido que pasar ha sido para aprender.

Deseo se permitan abrir su mente y pensar de forma obsesiva hasta llegar a alcanzar lo que más anhelan en la vida. Usé la palabra obsesiva no de casualidad, sino porque debemos concentrarnos, no podemos permitirnos que nuestros pensamientos, donde estamos y donde estuvimos en nuestra infancia, nos detengan y nos paralicen.

Mi idea sobre este libro es hacer de él una guía útil para que puedas replantearte tu vida y, si te identificas con mi relato en un momento donde no puedes avanzar, quisiera que este libro sea como un manual para EL PROGRESO DE TU VIDA.

Para este progreso me propuse estructurar el libro en las acciones a las que debemos prestar atención. Estas son:

- Comienza

- Aprende
- Trabaja
- Encuentra
- Emprende
- No temas al caer
- Nunca te rindas
- Crece
- Contribuye

¿Qué aprendí?

Aprendí que, en todos los días de la vida de un emprendedor, aparecen TODAS estas etapas.

Todos los días comenzamos algo, aprendemos, trabajamos, encontramos, emprendemos, también nos caemos, no nos dejamos rendir, y muy importante, siempre debemos crecer y contribuir.

Gracias por permitirme colaborar contigo.

Patricio Rozas

Comienza

Siempre tenemos caminos para elegir.
Si estás pensando que puedes reorganizar tu
vida siempre piensa que tú tienes el control de tu
vida a través de tus pensamientos.

Mi infancia

Soy el hijo menor de siete hermanos, todos mayores por más de 10 años. Me quedé sin padre cuando tenía cuatro días de edad y éramos muy pobres, no teníamos ni siquiera un televisor.

Vivía en un inmueble que pertenecía a la empresa del ferrocarril. Mi padre fue funcionario de aquella compañía ferroviaria, y teníamos una casa construida con durmientes. Los durmientes son las bases de apoyo donde se montaban los rieles para que pase el tren. Del mismo material era nuestro hogar, que por lo cierto era muy resistente, y en la actualidad todavía existe. Han pasado más de 60 años, y también salió indemne de muchos terremotos que se han producido aquí en Chile.

En la página siguiente les comparto una foto de mi visita a mi casa de mi infancia este año, 2019. Fui un lunes para recordar mis inicios pocos días antes de publicar este libro. La casa es ahora un depósito del ferrocarril.

Agradezco todos los días de mi vida haber tenido a mi madre, Julia Rosa Gallardo Salinas, porque me enseñó valores. Me sonreía siempre, y con esa sonrisa yo sentía cuánto ella creía en mí. Sé que esto fue una bendición, pues sé que mucha gente no tuvo un amor de madre puro. El amor de madre es una enorme riqueza inmaterial.

A pesar de las carencias que me tocaron vivir en mi infancia, tuve dos caminos entre los que elegir: el camino de crecer, o el camino de seguir los malos pasos de otros. **Ese fue mi gran aprendizaje de niño, aprender a decidir.**

Siempre elegí el primer camino. De niño fue crecer al lado de mi madre, y ayudarla en el trabajo que ella realizaba. Mi ayuda la hacía después de las horas de colegio y en los fines de semana, y consistía en ayudarle en todas las labores de la agricultura en un campo donde trabajábamos a resultados.

Siempre busqué hacer un poco más, por lo cual también desde niño busqué como ganarme la vida, por ejemplo, limpiando los autos de los vecinos. Yo me ofrecía y luego los vecinos me pagaban a conciencia de lo que consideran que era justo.

En mi niñez lo importante para mí era llegar con dinero al fin del día y entregárselo a mi madre, que lo necesitaba para poder mantener el hogar y poner comida en la mesa. Con la edad aprendí que eso es ser responsable, pues hay que contribuir al hogar donde uno vive.

Con el tiempo la vida me enseñó que esa "casa" se fue agrandando. Luego incluyó a mi propia familia y la de miles de familias más a lo largo de mi camino de empresario. No siempre pude hacerlo tan bien, ya que hubo veces en que caí fuerte. Y con eso aprendí mucho.

De niño, con solo siete años, también me iba a la feria, y aprovechaba para vender verduras. Siempre me decía que, si la buscaba, encontraría siempre una oportunidad para colaborar más.

Recuerdo que cerca de mi casa había una empresa que acumulaba paja en nuestro terreno. De entremedio de las cáscaras, se asomaban algunas cabezas de ajo que recogía y me encargaba de vender en una esquina de esa misma feria a la cual iba.

El segundo camino que tuve para elegir fue seguir los pasos de otras personas del barrio y no opté por eso. En ese momento éramos niños, y jugábamos a la pelota juntos en la calle, y también a las bolitas. Había jóvenes, mayores a nosotros que, lamentablemente, aun teniendo todos los mismos amigos, venían y nos querían maltratar y golpear.

Existió la posibilidad de ser amigos de ellos y unirnos a las fechorías que hacían. Si hubiera elegido esa opción hubiera pertenecido a ese grupo, hubiéramos podido estar tranquilos de que no nos hicieran nada, y hubiera seguido los pasos de esos niños mayores.

Siempre rodéate de gente sana. Con quienes te unes, se representa quién eres.

Siempre fui una persona de mucho carácter y convencido que tenía la obligación de ayudarle a mi madre. Recuerdo haberle pedido a Dios la posibilidad de tener con vida a mi madre hasta que pudiera valerme por mí mismo. Rezaba todas las noches para que pudiera comenzar a trabajar lo más pronto posible y así poder ayudarla y que ella no siguiera trabajando tanto.

En una ocasión, mientras estábamos trabajando en el campo, mi madre se desmayó. Recuerdo la inmensa angustia que sentí y me puse desconsoladamente a llorar. Cuando la vi en el suelo tirada, sin moverse, sentí que mi madre se me iba a morir, y veía mi vida cada día con mucha angustia porque sabía que, sin mi madre, no tenía con quien quedarme.

Mis hermanos mayores estaban en otro lugar y en otras circunstancias. Se preocupaban de su vida y lamentablemente, no todos, pero tres de mis hermanos varones tenían el problema del alcoholismo. Mi otro hermano se ocupaba de sus haceres y también estuvo mucho tiempo fuera cumpliendo el servicio militar. De mis dos hermanas, una estaba casada y la otra, si bien vivía en nuestra casa, solo se preocupaba de su vida y sus amigas.

Sueños de un niño

De niño soñaba con ser cantante y dentro de lo que podía ser, practicaba a mi manera. Me gustaba cantar lo más parecido a los artistas que me gustaban en esa época. Empecé a practicar mucho y también me interesé por muchos deportes, dentro de ellos estaba el béisbol, la gimnasia rítmica, el fútbol, y otros.

Mi vida real en los deportes fue más bien enfocarme 100% en el fútbol. Me entrenaba mucho, y lo veía como un desarrollo que podría ser interesante para crecer. La gente siempre me decía que insistiera y me dedicara, pues veían grandes posibilidades de convertirme en un futbolista profesional.

Mi adolescencia

Nuevamente, como en mi niñez, seguí tomando decisiones en mi vida.

Me gustaba el deporte, por lo que empecé a jugar de muy niño, y a los 13 años en las divisiones de honor del fútbol amateur. Decidí poner todo mi esfuerzo, y ese mismo año en el que empecé me pasaron a la primera división del fútbol amateur.

Fue un período importante en mi vida, pues ningún niño a los 13 años le daban la oportunidad de jugar en los equipos adultos, ni el privilegio de hacerlo en primera división del fútbol amateur. Aquella fue realmente una época donde me sentí muy valorado.

Fui a grandes campeonatos donde llevaban jugadores de fútbol que jugaban en clubes muy reconocidos en el país. Me sentí orgulloso cuando me propusieron que me fuera a probar a los clubes profesionales para jugar en sus divisiones inferiores; en los dos más cercanos a donde yo vivía, tuve la posibilidad de quedar en el plantel.

Mientras avanzaba en los clubes, también avanzaba en mis estudios, sin embargo, se me presentaba muy complicado organizarme diariamente pues también tenía que trabajar en mis tiempos libres para ganar algo de dinero y ayudar a mi madre con la casa. Tenía que hacer alguna actividad que me diera dinero, y comencé a trabajar de medio tiempo en una fábrica que estaba instalándose en el mismo lugar donde yo vivía. Comencé a   hacer pequeñas reparaciones de unos tarros comederos para los pollos. Por los destinos de la vida aprendí dos oficios: mecánico y soldador. Quién hubiera dicho en ese entonces que ellas marcarían mi destino para siempre.

Era obvio que las soldaduras que hacíamos no eran soldaduras muy relevantes, más bien eran muy puntuales, pero me permitían ganar dinero para llevar a mi casa. Le daba a mi madre todo lo que ganaba y siempre recuerdo que, cuando quería darle todo, ella me decía: "Hijo, usted siempre debe andar con dinero en los bolsillos, y también tiene que andar bien vestido. ¿Y sabe por qué, hijo?, porque la gente lo va a juzgar por sus apariencias." Mi madre siempre fue una mujer sabia en sus consejos.

Fue aproximadamente a los 14 años que un día le dije a mi madre: "Yo nunca dejaré de ayudarte mamá; yo no quiero que trabajes más. Te voy a ayudar todo el resto de mi vida. Quiero que tú vivas muchos años más, y necesito que me acompañes en mi camino. Te voy a demostrar mamá que seré una persona importante en la vida". Esa declaración se transformó en una promesa que mantengo profundamente marcada en mi corazón y que mantengo vigente con ella aún luego de su partida de mi vida.

Conforme iba pasando el tiempo, me llevaron a la tercera división del fútbol profesional donde, a los 16 años, me disputaba el puesto de reserva con otro arquero. Finalmente quedé en la reserva de un jugador profesional muy conocido.

Fueron tantas las ganas de llegar a ser titular que en los partidos de entrenamiento yo siempre jugaba al menos un tiempo entero del partido. Di todo de mí para llegar a ser titular del equipo.

Una lesión me dio muchas enseñanzas

Una vez estaba jugando un partido de entrenamiento en la tercera división de un club que estaba luchando por el ascenso a la categoría profesional, y manejaban tres arqueros. También había siempre un cuarto y así era como iban viendo la evolución de todos para poder tener tres.

Comencé como cuarto arquero, y luego pasé a ser el tercero. Me empezaron a probar y llegué a ser segundo, por lo que comencé a jugar en el segundo tiempo luego del arquero titular. En definitiva, pasé a reemplazar al suplente.

Jugando un partido contra un equipo profesional tuve un rebote de salida en el área chica. Fue un impacto fuerte al arco que salió de un toque al medio y, como era tan fuerte el tiro y yo estaba al arco, tapé la pelota produciendo el rebote. La pelota le quedó justo en la posición perfecta para rematar a un jugador en el área en la esquina. Le pegó muy fuerte, estaba ubicado en el mismo lugar y me volví a tirar, recuerdo hacia el lado izquierdo. No fue una volada como lo llamamos los arqueros. Intenté atajar y me pegó muy fuerte justamente al lado del dedo izquierdo.

La vida misma es así, puedes atajar un desafío, pero si no lo dominas y produces un rebote, vendrá por segunda vez con más fuerza y se transformará en un problema.

Esa acción se transformó en una lesión que en ese tiempo no fue tratada como algo mayor, pero me tuvo más de tres meses sin jugar. Lo único que recibí del club fue una llamada por teléfono y nada más. Así es la vida de los jugadores, y también de los trabajadores.

Obviamente me las tuve que arreglar solo y ahí se gestó la semilla de pensar si realmente quería continuar con los deportes. La intención estaba, pero la verdad es que debía priorizar lo que me iba a generar ingresos.

Justamente con el tema de los ingresos sentí que no tuve apoyo del club y sentí, en cierto modo, desilusión que los sueños se trunquen tan fácilmente, sin una atención mínima del club. En definitiva, sentí que se olvidaron de mí.

Esperaba que, debido a la lesión, los directivos del club se preocupasen de mi estado de salud. Permanecía dentro de mí la esperanza de que preguntaran por mí, o al menos que contribuyeran para los gastos médicos básicos que tuve que enfrentar. Lamentablemente me entristeció mucho ver que esto no ocurrió.

Tuve que ocultar mi estado físico y emocional, y debía trabajar con mucho dolor, también físico y emocional. Aunque mi madre seguía trabajando, yo no podía dejar de ayudarla en todos los compromisos de la casa.

Sentí que el club no tenía gran interés en apoyar a las personas con talento, solamente apoyaba a los más sanos y fuertes. Con el tiempo aprendí que es difícil para un empresario cuidar a toda la gente con talento, pues hay que ayudarlos en muchas más áreas de la vida y no solamente en el oficio.

Sentí una gran desilusión por el fútbol, no quise seguir más recordando los temas ocurridos. Tenía que volver a tomar una decisión a esa edad.

Fueron momentos decisivos de mi vida pues tenía que elegir entre trabajar, o estudiar. Me hubiera realmente encantado estudiar, tenía aptitudes para hacerlo, pero no podía seguir estudiando en la universidad por sus elevados costos. No tuve los medios económicos para poder hacerlo, el estudio requería que le dedicara todo el día a la universidad, y eso no me daría el tiempo para poder seguir trabajando y ayudando a mi madre en mi casa.

Con 16 años mi destino me mostró el único y verdadero camino que tenía delante de mí, y ese fue trabajar. Fue una decisión muy importante, pues tuve que comenzar a buscar trabajo todavía sin cumplir 17 años.

Con los años entendí también que la decisión no había sido "estudiar" o "trabajar" como muchos jóvenes y adultos suelen pensar. Hoy más sabiamente con mi edad, yo los llamo "estudiar en una universidad", o "estudiar en el terreno". Yo no fui a la universidad, sin embargo, yo jamás dejé de estudiar y de aprender. Simplemente lo hice diariamente, apoyándome en mentores, cursos, y en la vida misma. No estudié en forma ordenada, tuve que aprender también a ordenar prioridades. Siempre tenemos caminos para elegir, y siempre decidí avanzar, mirar para adelante, y crecer, y esa actitud es, en mi opinión, la base de un sólido desarrollo y crecimiento.

Tener objetivos claros y precisos te permiten avanzar sin ver que existan obstáculos, solamente tenemos que fijar la atención en el objetivo que tienes ahora mismo y no descuidar nunca lo que estás haciendo, cueste lo que cueste.

Tenemos que ser hijos del rigor, aunque cueste mucho esfuerzo y sacrificio.

Tienes que seguir avanzando en la vida. Nada puede frenar tus sueños de lo que quieres hacer. Hay que tener presente que todos podemos lograr muchas metas, si solo pensamos que lo podremos lograr.

El objetivo es tener la mirada fija en la prioridad que tienes ahora mismo. Y comenzar a soñar y a trabajar en tus sueños cada día, con la clara convicción de lograr avanzar todos los días en tus sueños, la idea principal es que sean sueños grandes y hacerlos obsesivos.

Recuerda siempre que la vida te puede dar la posibilidad de llegar a donde tus pensamientos puedan alcanzar y expandirse, recuerda siempre que tus sueños son parte de tus mismos pensamientos que están ligados entre sí, de acuerdo con tu obsesión, y si tu obsesión es muy intensa tienes que incorporarla de forma automática a tu diario vivir, con esto lograras que todos tus sueños se vayan materializando.

El progreso que logres tener será de forma constante de ir cada día dándole forma a todas esas cosas que tú nunca dejaste de quitarle el foco, a esos sueños que pueden ser de forma obsesiva e impulsiva, y también esto se logra teniendo una actitud claramente positiva, y con ánimo de querer cumplir con tus sueños. Recuerda que ocurrirán cosas que muchas veces te harán no querer seguir, solo debes pensar que todo lo que te pueda pasar es parte del crecimiento que quieras alcanzar.

Muchas personas se quedan inmóviles cuando le ocurren problemas y situaciones en sus vidas, pero recuerda que si tú sigues adelante llegará el día que logres alcanzar tus sueño y anhelos. Esto definitivamente es algo mágico que sucede cuando tú no dejas de sacarle tu atención a lo que tanto anhelas, y recuerda siempre que cuando uno quiere hacer algo tiene que hacerlo sin esperar que llegue el día siguiente.

Toma la decisión de hacerlo de forma inmediata, y no la otra semana, o el otro mes, o el otro año, decídete de hacerlo ahora mismo, muchas veces pueden pasar cosas en el intertanto. Muchas veces perdemos la oportunidad por el tiempo que dejamos pasar, decídete de una vez y hazlo, recuerda siempre que los sueños se construyen en base a sacrificio y esfuerzo, y debes estar enfocado en los resultados que sé van a ir llegando en la medida que tú vayas poniendo todo de tu parte. Para que tus sueños se hagan realidad, dale continuidad a tu pensamiento obsesivo, a tus sueños obsesivos, y a tus ganas de querer ser otra persona en la vida.

Debes lograr enfocar tú mente consciente en cada momento obsesivamente en lo que tú quieres lograr, con solo pensar que lo puedes lograr, y sin tener miedo de ir más allá de donde estás ahora. Recuerda siempre que necesitas una obsesión fuerte hacia los grandes sueños, esos que uno jamás pensaría que los puede lograr. Podríamos citar muchos casos de personas que han convertido grandes sueños en realidad porque creyeron en sus sueños y anhelos. Sin embargo, este libro no busca eso. Este libro busca ayudarte a creer en ti, y en tus sueños, ayudarte a pararte después de las caídas, y seguir enfocando tu mente consciente a buscar esa vida que te gustaría vivir.

Piensa en cuanto tiempo más quieres cumplir tus sueños. ¿Serán cinco años? entonces tendrás que trabajar de acuerdo con ese tiempo. Tal vez tus sueños estén proyectados a mucho más tiempo, por lo que necesitaras un conjunto de elementos y personas capaces que te puedan ayudar a lograrlo en menos tiempo. Recuerda que cuanto más ambiciosos sean nuestros sueños tendremos más obstáculos y más complicaciones. Sin embargo, te pido que te imprimas todos los días de pensamientos positivos, porque estos pensamientos te ayudaran a pasar todos los obstáculos que se te presenten en la vida.

Aprende

Origen de la experiencia.

Cuando tienes las ganas de seguir aprendiendo,

estarás comprometido.

En la página anterior agregué una foto de mis estudios con JOHN GRINDER uno de los creadores de la Programación Neurolingüística (PNL).

Tomar decisiones importantes en mi vida

A los 16 años fue cuando entendí que no podía seguir estudiando, entonces salí a buscar trabajo. Comencé a buscar alternativas de trabajo con el pago de mi previsión, salud y todas las prestaciones que tiene un contrato. Hasta esa edad, los trabajos que hacía eran labores menores por razones de tiempo y estudio.

Tuve que comenzar de obrero en una obra que estaban realizando para una empresa importante a la cual yo le prestaba los servicios de reparación de tarros comederos para pollos de la zona donde yo vivía. Comencé a trabajar con la pala, la picota y la carretilla. Fue en esa época donde aprendí a forjar mi carácter y también donde creció mi fortaleza interior.

Conforme fue avanzando la obra, comencé a observar a las personas que venían a la empresa a hacer el montaje de grandes estructuras y equipos. Allí nació mi gran interés en conversar con los maestros especialistas que iban llegando en ese entonces para realizar dicho trabajo. Vi que ellos traían su gente, y que no tenía opciones de poder trabajar con ellos.

Con insistencia continuaba preguntándome por qué no tenía opciones. No entendía por qué, si tenía y mostraba mis ganas, no podía estar en ese grupo conformado por especialistas. Fue una revelación, pues se originó dentro de mí el hábito de preguntarme: ¿cómo podía hacer que las cosas que deseaba sucedieran? Rápidamente comprendí que la pregunta clave era "**¿Cómo?**": Debía buscar alternativas, debía buscar con quien conversar este tema.

Cuando uno dice "no puedo" o "no sé", uno se paraliza.
Lo que hay que preguntarse es "¿cómo puedo hacerlo?"
Ahí cuerpo, mente y alma se ponen en acción.

Comencé a pensar, y entendí que el primer paso era buscar a alguien que me ayudara a encontrar respuestas.

Sabía que no debía buscar las respuestas en gente que no las tuviera, como yo, y finalmente hallé la respuesta: "Hay que preguntar a la persona que más sabe que se encuentre a nuestro alcance". Debía conversar con el ingeniero que estaba a cargo de toda la obra. Busqué el momento y me acerqué a pedirle sus recomendaciones y consejos. Me observó con calma luego de que me presentara y le comentara mis ganar de trabajar con los especialistas, y me respondió: "Mira muchacho, tienes que conversar con el jefe de obra, él es el que sabe si te puede asignar alguna tarea como **ayudante**". Era perfecto, pues ya a esa temprana altura de mi vida sabía que ayudar era la semilla de la experiencia.

Comienza mi etapa de mentores y guías

Cuando el ingeniero me explicó que debía hablar con el jefe de obra para presentarme como aspirante a ayudante estaba feliz. Yo quería ser asistente porque así concibo que se aprende todo el oficio desde abajo. Es distinto a aprenderlo en un aula de forma teórica, es emocionante, es desde el primer momento ir a la acción mirando la realidad. Me interesaba mucho ver a los maestros realizar las labores del oficio.

Con los años aprendí que partir siendo ayudante de una persona que sabe mucho se llama "Shadow Mentoring", es decir mentoreo en la sombra.
Ser ayudante de la persona que más sepa del tema a tu alcance es la forma más efectiva de aprender una actividad.

Así logré que los jefes vieran el interés que yo tenía y me dieran la oportunidad de ser ayudante de un soldador. Estaba emocionado. Y me sigo emocionando cuando recuerdo esos días, donde aprendí que unir dos elementos sería una metáfora poderosa en los negocios.

Recuerdo mi actitud, llegaba muy temprano en las mañanas para preparar todos los materiales y máquinas al soldador para que apenas él llegara, comenzara a soldar. A medida que pasaban los días y semanas aprendía términos nuevos en soldaduras: filete, posiciones, ascendente, horizontal, plano, sobre cabeza, soldadura de cañería, estaño, antimonio, plomo, y decenas de términos, centenas, pulgadas, números, centímetros, milímetros, luces, y tantas otras que hicieron que un mundo nuevo y para mí fascinante se fuera descubriendo delante de mis ojos. Disfruté cada minuto. Siempre dentro de mí estuvo el fuego por estudiar, sentir las chispas, la energía, usar los elementos de protección personal y de mi vista, mi corazón latía fuerte cada vez que aprendía un nuevo detalle.

Finalmente, el maestro logró ver el interés real que yo tenía porque era muy atento, siempre estaba muy preocupado de **adelantarme** a sus necesidades y situaciones para que no le faltara nada. Lo más importante para mí era que él pudiera trabajar bien.

El tiempo avanzó, hasta que un día me sentí listo y tuve coraje para pedir la oportunidad de que me dejara comenzar a practicar en mis horas de almuerzo. Me respondió que no podía ser pues en ese horario tenía que almorzar. Mi respuesta no se hizo esperar, y casi inmediatamente, le propuse que podía almorzar en menos tiempo y después comenzar a practicar. Necesitaba aprender, quería mostrarle que realmente me gustaba el oficio. Fue un buen maestro, pues me entregó la responsabilidad al decirme que, si yo tenía el interés y tenías la ganas, entonces dependía de mí.

Me explicó, claramente y sin lugar a ninguna duda posible, que si él veía que yo no mostraba interés por aprender o que si veía que no ponía ganas, definitivamente cortaría el apoyo que me brindaría.

Para él no era ningún beneficio, al contrario. Ellos decían en aquel tiempo que NO porque el gremio era muy egoísta y pensaban que darme una oportunidad era tener una posible competencia en un muchacho muy joven.

La importancia del esfuerzo

La perseverancia constante me impulsó a pedir en las tardes quedarme más tiempo para practicar. Conforme me fueron otorgando confianza, me fueron dejando que me quedara hasta tarde. La confianza me la fui ganando no solo por mi actitud, sino que sumaba ahora mi aptitud para el trabajo. Vieron en mí que había avanzado muchísimo, y a los tres meses me dieron la posibilidad de hacer una calificación para ser un soldador.

Puse todo el interés, todas mis ganas y logré llegar, a los 17 años, a ser un soldador especializado en Cañería. Fue un logro muy grande llegar tan joven a la máxima especialización que tiene el montaje industrial del rubro metal mecánico aún hoy. Para mi orgullo y autoestima, este mérito era demasiado grande en aquellos tiempos.

Con una completa determinación, seguridad y madurez comencé a ejercer el oficio en forma certificada.

Aunque tiempo después se terminara la obra donde había aprendido y dejé de ver a las personas que conocí en aquella obra, toda esa experiencia dejó una gran huella dentro mío porque sin dudas fue un momento de mucho crecimiento para mí.

La importancia de los logros

Cuando esa obra terminó cambié de obra. Pero debido a mi joven edad no era de extrañar que no me quisieran dar la responsabilidad que me había ganado en la obra anterior como especialista en soldadura de Cañería. Así que tuve que comenzar nuevamente y volver a entrar de ayudante de soldador.

Un día cuando el soldador titular no fue al trabajo, y se tenía que hacer un trabajo urgente, les recordé que yo tenía la calificación, y tenía las competencias para hacerlo. Me pidieron que lo demostrara, y lo hice sin ningún temor porque sabía lo que estaba haciendo. Mis logros los hizo dar cuenta de mis aptitudes y, sumado a mi actitud, no perdimos ningún minuto y ahí mismo me informaron que yo debía seguir como soldador titular. Al día siguiente, para extrañeza de todos, me vieron que estaba soldando.

Lo más importante de esta etapa es que gracias a mis logros de esa época, de ahí en adelante no deje jamás de crecer en la especialización.

Trabaja

Origen de la entrega.

No solamente tienes que ser empresario, también tus trabajadores te tienen que ver como líder en el terreno.

Comienzo en la vida laboral

Comenzar a crecer en la vida laboral requiere de mucha dedicación, mucha entrega, y siempre buscar la forma de encontrar alternativas que permitan crecer en el oficio donde se tiene más especialidades y aptitudes. Las especialidades y las aptitudes que cada uno tiene cultivadas conforman nuestro valor primordial.

Yo comencé con fuerza y con la clara convicción de que había más posibilidades en las diferentes industrias. Con gran esfuerzo y el sacrificio me dispuse a aprender todo lo que pudiese sobre todos los temas relacionados a las industrias de mi interés.

Hasta el momento solo conocía de soldaduras, pero sabía que tenía que aprender de la industria metal mecánica en general. También sabía que debía entender más a las personas. Había historias de fondo en la vida de las personas que estaban ejerciendo dichas especialidades que hacían a aquellas personas especiales. En general los especialistas cuidaban demasiado su trabajo y no entregaban información a nadie. La razón a veces podría ser codicia y otras veces podría ser miedo. Ese miedo residía en pensar que, si más personas aprendían sus oficios, a ellos les bajarían sus elevados sueldos. Esto impactaría en sus ingresos y a la buena vida que ellos llevaban gracias al dinero que ganaban con aquellas empresas en aquel tiempo.

Por ese entonces, comenzó a nacer dentro mío un sueño que hoy estoy empezando a dar forma: Crear una Academia de Especialización Internacional para que siempre pueda tener trabajo quien quisiera especializarse en este apasionante mundo en el cual me había especializado yo.

Necesidad de Pertenecer

¿Quién no sintió la necesidad de pertenecer a un grupo alguna vez? Yo sí. Siempre fui bastante inquieto por querer aprender y siempre soñé ser parte de algo grande. Y de hecho lo logré, pues entré a trabajar en lo que me había calificado hasta el momento. Siempre supe que debía aprender de los maestros, y entendí que pertenecer a ese grupo era la forma de acercarme a aquella gente más especializada. Muchas veces quise hacerme amigo de ellos y el camino para hacerlo era compartir actividades sociales después de las horas del trabajo.

Muchos especialistas acostumbraban en aquellos tiempos a beber mucho alcohol, porque había una antigua creencia que, como soldadores, ellos tenían que tomar vino para que el humo de la soldadura no se les fuese a los pulmones. ¿Era una creencia limitante, o era solo una excusa para entregarse a placeres de la vida en forma excesiva?

Si lo del humo era cierto, no lograba entender por qué ellos fumaban como una verdadera chimenea, para después inhalar el humo de la soldadura, y luego pasar a completar todo eso tomando vino, "supuestamente para limpiar los pulmones".

Realmente estaba sorprendido, pues sentía cuán incorrecta era esa forma de vida. Y más sorprendido estaba de ver cuánto esto arriesgaba la seguridad en el trabajo. Estaba convencido de que, con esta vida, se incrementaban las posibilidades de lesiones, y me entristecía recordar lo que sentí cuando me lesioné en el futbol cuando era un joven. ¿Acaso las empresas se preocuparían por esos especialistas cuando tuvieran lesiones o se enfermaran debido a su estilo de vida en aquel entonces?

Durante ese periodo de mi vida me propuse llegar a ellos accediendo a sus costumbres para que pudiéramos conversar sobre los detalles de cómo hacían esas soldaduras. Así fui aprendiendo, sentado en mesas llenas de tragos y humo, donde se generaban las conversaciones que yo necesitaba para aprender. Pero también poco a poco me fui mimetizando con esa forma de vida para que ellos me vieran como parte importante del equipo y que vieran mi interés en querer pertenecer al grupo como un miembro más. Lo único que quería era aprender de su gran conocimiento y experiencia.

Estaba convencido de que tenían que enseñarme porque yo era un compañero de sus salidas, compartiendo sus vicios. En las tardes nos juntábamos a tomar vino y no parábamos de fumar. Compartía las mismas ideas y disfrutaba de las anécdotas que ellos contaban de los muchos años que hacía que ejercían su oficio. Era parte de la costumbre elogiar sus hazañas, todas anécdotas extraídas de la construcción de industrias importantes, donde toda aquella generación de especialistas aportó sus destrezas.

Debía organizar en mi mente toda esa información que aprendía cuando, bebidos, comenzaban a hablar de los detalles más importantes que había que tener en cuenta. Ahí lograba disipar mis dudas, dejando grabado en mi mente los secretos del oficio. Me daba cuenta cuáles eran los más capaces y eximios pues, al aplicar sus enseñanzas, daba con el resultado esperado.

Cuidado con la carencia y la decadencia

Convivir con la carencia de afecto y la decadencia en los placeres de la vida que sufrían aquellos especialistas hizo que yo también sintiera todas las aventuras que les tocó vivir fuera de sus casas. Sus hijos nacían, pero como ellos no estaban presentes junto a sus familias, solamente se preocupaban de enviar el dinero. A veces pasaban meses sin conocer un hijo que les había nacido. Para mí era difícil pensar en vivir con ese espíritu de nostalgia por no estar en su hogar viendo crecer a sus hijos.

Todos los especialistas seguían trabajando, pero gran parte de ellos fallaban muchas veces en el trabajo debido al exceso de copas. Del mismo modo ocurría que, por ser personas trabajadoras y con dinero en los bolsillos, se enredaran con alguna prostituta que conocían. Esto ocasionaba que muchos terminaran abandonando sus hogares por otras mujeres, algunas veces por amor, y muchas otras veces por lujuria.

No hace falta ser adivino para saber que, en la mayoría de las ocasiones, estas personas terminaban en la calle sin ningún peso en los bolsillos, perdiendo sus familias y el prestigio ganado con tanto trabajo. Sus limitadas creencias y sus egos eran tan grandes que no podían darse cuenta de cómo el vicio lograba apoderarse de ellos y finalmente destruir sus vidas.

Eso me hizo ver una realidad muy dura, y aprendí lo que no había que hacer en la vida. Entonces me volví a mi camino de crecer. Mi crecimiento lo enfoqué a especializarme en todo lo relacionado al mundo de la soldadura.

Siempre recomiendo alejarse del mal camino, y es posible hacerlo si realmente se quiere. Adentrarse en malos hábitos es solamente una excusa para ir por el camino fácil, para no esforzarse. Uno debe concentrarse en aprender y crecer por el buen camino siempre.

Encuentra y
Emprende

Origen de los sueños

Crecimiento en el oficio que me gustó

Los sueños comienzan con actividades que a uno le gustan.

Después de haber trabajado y compartido muchas experiencias con personas especializadas, y conforme fue pasando el tiempo, comencé a ir a diferentes partes del país. Aprendí de las industrias y aprendí a implementar todos mis nuevos conocimientos sobre diversificación en el oficio. Aquella fue una etapa verdaderamente formativa, donde pude trabajar con diferentes empresas, y con diferentes materiales y complejos procesos de soldadura. Viví aquella etapa con mucha exigencia y durante ese proceso interior desarrollé un enorme crecimiento en mi vida en todo sentido. Ya podía realizar diferentes certificaciones de procedimientos en soldadura, y también acceder a los mejores trabajos que existían en aquellos tiempos.

Fue mi perseverancia la que me permitió llegar a lugares importantes, y debo agradecer siempre que tuve una empatía natural para tratar con las personas, y eso mismo generó que encontrara muchas buenas personas en mi camino.

Pero, al tiempo que crecía en mí desarrollo especializado, también se generó mucha envidia sobre mí, pues yo empezaba a tener más opciones, más beneficios, y estaba más calificado que muchos otros con muchos más años de experiencia en el oficio que la que tenía yo.

A los 22 años comenzaron a llamarme y a ofrecerme trabajos como proveedor. No quería ser contratista a menos que tuviera un lugar establecido y una seguridad que me ayudara a comenzar en ese camino.

Así pasaron más de 6 años, realizando trabajos bastante especializados. Trabajaba inclusive en mis días de descanso. La gente de mi industria siempre me decía que, con mis conocimientos y mi forma de ser, podía perfectamente armar mi propia empresa. Al principio eso no era para mí la mejor opción, pues yo tenía ganas de seguir aprendiendo y creciendo en mi oficio.

Trabajar con los más altos estándares de empresas internacionales y conocer los más grandes proyectos de Chile fueron una universidad de conocimiento y emociones. Desde los 21 a los 29 años trabajé en diferentes partes del país, y así experimenté lo que era trabajar con sueldos muy elevados, o en locaciones muy alejados de ciudades pues casi estábamos en el límite entre países, por la cordillera, y por el desierto.

*El origen de los sueños se fortalece cuando
empiezan a generarse ahorros.*

Después de estar tanto tiempo trabajando en
condiciones adversas nació la idea en mi cabeza
de que había llegado la hora de comenzar a
pensar cómo podía armar mi propia empresa.

Me concentré fuertemente en ahorrar y hacer inversiones. Había comprado dos terrenos muy grandes. En ese tiempo, después de haber comprado todos los equipos necesarios para comenzar, me quedé con USD 100,000 en efectivo y líquidos para comenzar mi empresa. Logré adquirir también dos camionetas, y todas las herramientas necesarias para que funcionaran los equipos estables de personas que necesitaría para comenzar mi emprendimiento.

Cuando me sentí listo comencé a pedir reuniones, como se dice en la vida, a golpear puertas. Ahí aprendí una lección muy importante que siempre les enseño a mis colaboradores: hay que preparar la documentación necesaria siempre antes de empezar una actividad. Realicé todos los trámites que se me pedían para la iniciación de actividades y el armado legal y financiero de mi empresa. Lo hice poco a poco hasta llegar a concluir toda la documentación y ahí sentí que había llegado mi momento.

Comenzar mi camino de emprendedor no fue una decisión sencilla. La maduré bastante tiempo y empecé a darle vuelta al tema en mi cabeza hasta tomar la decisión definitiva. Y así emprendí un camino en el cual todavía hoy sigo.

Ser independiente

Ya había decidido que iba a comenzar, y contaba con toda la documentación aprobada. El paso siguiente era hacer los talonarios de facturas, y con esa documentación ir al banco para que me dieran una cuenta corriente para hacer los pagos. Ya estaba hastiado de estar en cordilleras y desiertos muy lejos de las ciudades y de mi casa.

Una vez que tomé la decisión, renuncié a un contrato importante, perdiendo unos bonos que me habían ofrecido y que eran bastante significativos en valor en aquel entonces. Tenía la certeza de que, si no tomaba la decisión ahí, jamás comenzaría con mi emprendimiento.

Entonces con todos mis ahorros de mis trabajos con estas empresas internacionales, más con todos los equipos antes invertidos, tenía la posibilidad de emplear a más 20 personas. Tenía dos terrenos muy grandes, sin embargo, vivía en un pequeño departamento de 72 metros cuadrados. Tenía la claridad de saber que no podía gastarme el dinero y hacerme una tremenda casa. Lo primero que debía hacer era fortalecer las bases de mis sueños. Y después comenzar a pensar en comodidad.

El último eslabón era obtener la cuenta corriente, la que finalmente me dieron con una pequeña línea de crédito de 1,000 USD. Sabía que no sería fácil, pero estaba determinado y convencido de que, aunque no lo sintiera fácil en aquel momento, tenía que hacer la experiencia.

Aprender del mundo financiero lo imaginé muy parecido al aprendizaje de cuando comencé en el mundo laboral. Y eso lo había hecho con mucho éxito. Así que el 13 de enero de 1998 renuncié a mi vida de trabajador dependiente y comencé mis primeros pasos como emprendedor independiente.

Los comienzos de la independencia

Yo siempre pensé que mi primera experiencia como emprendedor independiente sería con la empresa que más me había ofrecido trabajo durante aquellos previos años.

Pero lamentablemente, la empresa que siempre me había solicitado que fuese contratista, no me brindó la posibilidad al momento que creí que me darían su apoyo, de forma automática, contratando los servicios de la empresa que había formado.

Aquí entonces descubrí que el primer gran desafío con el que se enfrenta un emprendedor independiente en sus comienzos es generar su historial de clientes.

Son pocos los que apuestan a una empresa que empieza desde cero, o como aprendí se llaman, "startups". Me encontré entonces con que toda la historia que yo me había creado en mi imaginación no era correcta.

Necesité empezar a fomentar en mi mente una forma de pensar muy positiva para contrarrestar la enorme desilusión que sufrí al ver que la empresa que más había sido impulsora del comienzo de mi emprendimiento me había dicho literalmente la palabra NO.

Pero también aprendí en el terreno que no debemos aceptar un NO como respuesta y que debemos positiva e incansablemente buscar otras alternativas para lograr el SI.

Finalmente encontré otras empresas más pequeñas donde comencé a ejercer, donde me recibieron y comenzaron a asignarme trabajos, por lo general de fin de semana.

Comienzo del liderazgo y mi primera caída

Así empecé a formar mi equipo de personas como había pensado tener. Primero fueron 10 personas, y después llegué a más 20 que era el número que tenía proyectado que sería al comienzo. Este comienzo fue muy complejo, pero por suerte yo tenía experiencia y formación en cotizaciones y en el manejo del personal, gracias a las empresas internacionales a las que les presté mis servicios.

Durante los primeros 3 años, lo que ganaba no me alcanzaba para pagar las nóminas de sueldo y mantener los costos generales. Y así sucedió que pasé por mi primer fracaso fuerte: perdí los 100.000 dólares, tuve que vender los terrenos que sumaban unos 70.000 dólares más, y perdí todo, todo. Tres años trabajando con alma y vida haciendo cosas menores, para terminar en la ruina.

En ese momento la vida me enseñó que tenía que pagar el precio de comenzar sin saber acerca de todo el complejo mundo del emprendimiento. Definitivamente era complejo, pero no difícil. Realmente no era tan difícil hacerlo, pero requería una enorme variedad de conocimientos administrativos y laborales que, al más mínimo error, podían hacerme perder todo el margen de una operación. En ese momento se comenzaron a gestar en mí mis primeros sueños de algún día contar estas experiencias a quienes quisieran iniciarse en el camino del emprendimiento.

Por aquella época también aprendí algo fundamental para un principiante empresarial como yo, y es que la mayor fórmula de éxito es siempre prever un porcentaje de las ventas como reserva ante imprevistos. Estaba empezando un camino donde la vida me enseñaría que los desafíos consisten en liderar situaciones no previstas en cada proyecto todos los días.

Ser empresario es aprender a prever distintos escenarios, administrativos, humanos, estratégicos, y financieros que se presentan en forma permanente y continua.

No es lo mismo cobrar tarde que temprano, no es lo mismo un atraso en la primera mitad del período de un proyecto que en la segunda mitad.

Permítanme compartirles un ejercicio que aprendí muchos años después y que me hubiera servido muchísimo haberlo sabido para aplicarlo a un problema que surgió por esos tiempos.

Ejercicio de Planificación

Imaginen un proyecto que está dividido en 4 unidades de tiempo. Pueden ser días, semanas, meses, años. E imaginen que al finalizar la primera de estas 4 unidades temporales nos informan que habrá un desvío de otra unidad de tiempo, llevando la planificación de éstas a cinco. Es decir, mínimo un mes más de pagos de nómina, costos, y administración. El gráfico en un pizarrón sería como el siguiente:

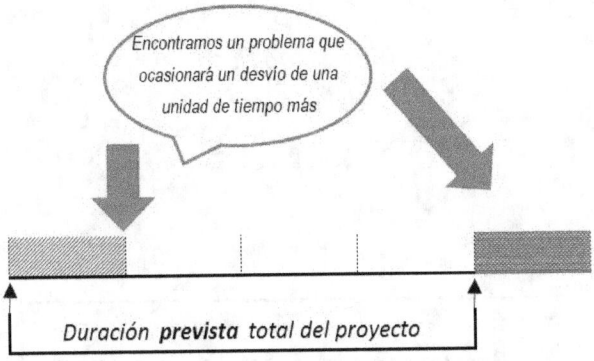

Cuando esto se produce, la mayoría de los jefes de obras, clientes y empresarios aumentan en sus previsiones una unidad de tiempo más de costos, y comienzan a recomendar agrandar la nómina y la inversión de tiempo y de recursos financieros para evitar ese desvío.

Es lo más normal del mundo escuchar a un cliente pedirnos una adición al proyecto luego de cerrados los acuerdos y al momento de comenzar un proyecto, como también es normal que se nos superpongan proyectos y se creen problemas que nos impactan el desempeño y la organización. Aprendí que en la vida no todos los desafíos vienen uno detrás de otro en forma ordenada, sino que la vida misma es una superposición de multiplicidad de eventos.

Sigo con el ejemplo del gráfico. La manera de entenderlo es trazar una línea al medio de la planificación.

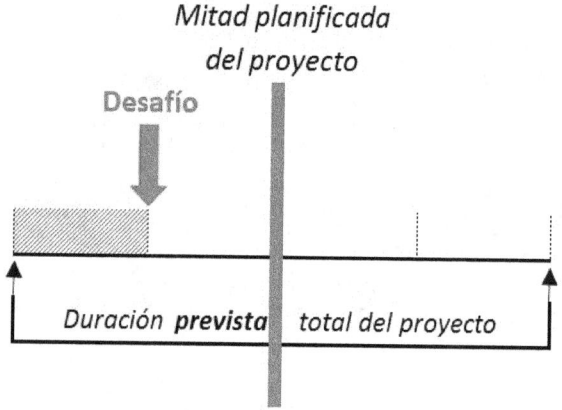

Se puede decir entonces que el desafío apareció en la primera mitad de un proyecto. Pensemos en números más fáciles. ¿Piensa usted que es lo mismo que un problema ocurra en el primer día o en el último día de un período? No, no es lo mismo. Pues a los números hay que entenderlos en forma completa.

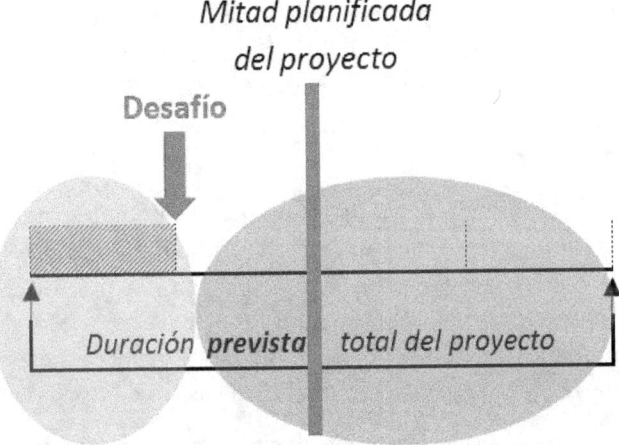

El 75% del proyecto todavía no ha ocurrido, por lo cual si al 25% de haberse completado aparece un desvío de igual cantidad…. entonces…. se debe planificar que las unidades de tiempo restantes también podrían tener un desvío similar.

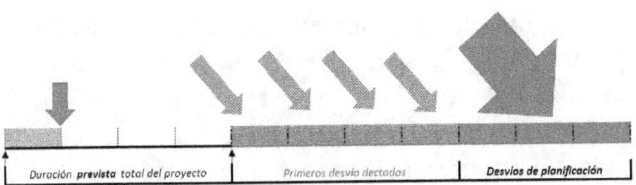

Me propuse ayudar con este libro, y esta experiencia ilustrada que considero que es una de las mejores enseñanzas que les puedo compartir. **Cuando los desvíos se encuentran en la primera mitad de un proyecto, el 80% de las veces son desvíos producto de una mala planificación y de una mala previsión de requerimientos.**

Entonces a un proyecto de 4 unidades de tiempo se le debe sumar una unidad de tiempo por cada desvío y un impacto adicional por los cuatro desvíos. En general un proyecto de 4 unidades de tiempo con problemas al principio es un problema de 10,3 unidades extras de tiempo.

Esto se debe a que todavía no se ha realizado el 75% del proyecto y es muy probable que, si encontramos problemas al principio, podríamos encontrar problemas durante todo el transcurso del contrato.

En cambio, si el problema hubiera aparecido en el último 25%, esto nos hubiera indicado que el 75% lo habíamos concretado en tiempo y forma.

La diferencia radica en que si los problemas pasan en la primera mitad de un proyecto y agrandamos los recursos para evitar el desvío (nómina, materiales, turnos), estos no hubieran sido suficientes, incrementando entonces los desafíos en forma muy compleja.

*Los problemas al principio de un
proyecto son desafíos de planificación y
de definición de requerimientos.
Los problemas al final de un proyecto
son en general desafíos de asignación y
planificación de recursos (humanos,
materiales, y financieros).*

Esto lo aprendí con el tiempo y la experiencia. En ese aprendizaje perdí mis ahorros y tuve que volver nuevamente, después de tres años, a soldar como empleado.

Realmente me hubiera gustado tener mucho antes este conocimiento que hoy les comparto, pero no tenerlo en aquel momento me hizo lo que soy. Estoy agradecido a la vida por haber aprendido sobre la marcha; me dio la fuerza suficiente para levantarme cada vez y también para hoy escribir un libro para ayudar a otros.

Confieso que pensaba que iba a ser más fácil. Logré entender que en la vida hay momentos alegres, momentos tristes, hay fracasos, hay caídas, hay un resurgimiento, pero siempre, **hay que tener coraje por aprender y crecer.**

Gracias a ese coraje que aparece dentro de uno cuando tenemos que tomar decisiones importantes es que pude volver a pararme luego de esa caída. Volví a trabajar nuevamente como empleado, pero el dinero no era el mismo que ganaba cuando trabajaba en aquellas compañías internacionales.

Trabajé en un contrato por 18 días y al terminarse el trabajo, regresé a casa. Y nuevamente comencé a buscar nuevas posibilidades en el emprendimiento que había comenzado y, aunque había fracasado, lo retomé con mucho ánimo. Sabía que lo que me había pasado tenía que servirme de experiencia. Era el momento de comenzar a madurar la forma en que planificaba. Así dejé atrás al empleado nuevamente y volvió a renacer el emprendedor, y se gestó dentro mí una gran voluntad de aprender sobre planificación y estrategia.

Volví nuevamente a hacer presentaciones de la empresa que había creado, y comenzaron a adjudicarme más trabajos. Sentía una energía inmensa, que me hacía sentir que todo comenzaba a enderezarse finalmente.

Sin embargo, en un abrir y cerrar de ojos, cambiaron al jefe que asignaba los trabajos en aquel entonces, y llegó otro, quien tenía sus propias empresas de confianza.

Un día él me llamó para que me reuniera con todo su personal de empresas. Ilusionado, pensé que esto sería el comienzo de una nueva y mejor forma de trabajo que impondría este señor. Pero lamentablemente no era lo que yo pensaba. Tristemente recuerdo cuando me llamó para decirme, delante de todos los presentes de las otras empresas, que no quería alguien que no fuera persona de su confianza como jefe del departamento.

Ese día aprendí que no todo el mundo le facilita el trabajo a quienes se destacan; muchas veces el miedo se apodera de las personas inseguras y deciden erradicar sus propios miedos evitando a la gente que se los ha despertado. Es difícil trabajar con quienes saben más que uno. Y es aún más difícil trabajar con jefes que saben menos que uno. Esto lo vi muchas veces en mi vida. Hay muchos jefes y dueños que se atemorizan frente a gente que puede emprender. Hay muchos líderes que quieren un rebaño de ovejas que puedan dominar, en vez de alimentar las posibilidades de los demás. Es simplemente ignorancia, es siempre más fácil tener seguidores que líderes debajo de uno. Lo escribo humildemente, pero siempre me destaqué debido a mi curiosidad y mis ganas de crecer. No emprendí para apabullar a otros. Emprendí pues quería crecer para cuidar a mi madre y a mis afectos, con la misma fuerza que tenía de niño, pero con la madurez de un adulto.

Sorprendido frente a esa declaración, y de forma inmediata, le respondí que no entendía por qué me había llamado para decirme eso. Me respondió diciéndome que, si yo quería, me presentara como contratista para hacer ofertas técnico-económicas, pero él NO me adjudicaría ningún trabajo. Otra vez un NO en mayúsculas apareció en mi vida.

Le agradecí que me dejara presentar las ofertas económicas, pero si esas eran mis opciones allí, entonces no seguiría perdiendo mi tiempo. Decidí irme y no generar ningún inconveniente.

Recuerdo que llegué a mi casa y le comenté a mi esposa, y vaya desilusión nuevamente. Pensaba que podía ser difícil mi emprendimiento, pero no me esperaba no ser comprendido.

Recuerdo aquel día que me fui a la cama y me costó mucho conciliar el sueño, ya que tenía que volver a replantear nuevamente mi vida laboral respecto de mi decisión de emprender.

Lo primero que pensé es que tenía que volver a considerar todo y volver a tomar decisiones. No era un momento fácil, ya que me había gastado todos mis ahorros y había vendido los dos terrenos al mismo precio que los había comprado hacía más de 10 años. Soy enfático en decir que me había jugado todas las cartas para formar una empresa y lo que esperaba era que los triunfos comenzaran a verse. Pero volví a entender que la vida te pone a prueba en cada momento. Y si estás dispuesto a seguir adelante, vas a tener que pagar el precio.

Nuevamente comencé a tomar contacto con aquellas personas con quienes trabajé, en desiertos, y cordilleras, con las mismas personas que pasamos tiempos importantes trabajando fuera de nuestra zona, y fuera de nuestros hogares. Nuevamente empecé a estudiar alternativas de empleo, pero de inmediato salió un trabajo para el norte de Chile. Me recuerdo que llegué a una empresa más pequeña que la que yo había formado, y que en esos momentos sentí una verdadera impotencia, ¿porque las cosas eran así? me preguntaba. Fue un momento importante, pues vi que muchas veces uno pone mucha energía en lo que quiere, y muchas veces las cosas no resultan como uno espera.

No seguí dándole más vueltas al tema, y comencé a preparar mi probeta para poder calificar como en aquellos primeros años. Lo primero que me preguntaron fue si acaso no pasaría por un periodo de práctica. Entonces les pregunté ¿esta práctica se paga?, a lo que respondieron que no había pago. Entonces le respondí que no se preocuparan que la prueba la dejaría aprobada en el mismo día. Estuve trabajando de sol a sol para demostrar mi profesionalismo en el área de las soldaduras. Pasaron más de 10 días cuando pregunté mi salario cuanto sería, y de inmediato me indican que lo mismo que les pagaban a los otros soldadores. Allí volví a preguntarme porqué volvía a pasar por esta situación si yo había sido un profesional en el oficio. Como buen profesional me comprometí conmigo mismo para terminar una tarea. Aunque las condiciones eran bastante precarias, no dejé de entusiasmarme para poder cumplir y sacar adelante la tarea que yo mismo me había impuesto. Una vez terminada la tarea, arreglé mis cosas, saqué pasaje y avisé que me iba y que le agradecía por la posibilidad que me habían brindado.

Fue allí cuando reconocieron el profesionalismo que había mostrado, y lo primero que me dijeron fue que tenían la opción de que mis honorarios fueran superiores. No entendía cómo ahora que habían perdido un buen profesional, venían con la idea de ofrecer mejores condiciones. En el camino de vuelta mi casa, pensaba que con lo que había ganado no me alcanzaba ni siquiera para esperar un mes. En aquel momento tenía que elegir entre volver a pensar en alternativas para emprender o simplemente tomar la opción del ofrecimiento que me habían hecho en aquella empresa.

Lo pensaba porque no tenía el capital con el que había comenzado, y solamente tenía una pequeña línea de crédito de un banco por solo USD 1000. En aquel entonces ni siquiera pagaba el sueldo de un trabajador con dicha cantidad, asique fue allí cuando mis pensamientos comenzaron a hacer cada día más intensos, y comencé a hacerme siempre la misma pregunta: **¿CÓMO HAGO?** Me recuerdo que tomaba un block de notas y hacia ejercicios, donde me preguntaba ¿cómo puedo hacer trabajos sin tener dinero? Después hacia trabajar mi mente buscando muchas alternativas, y esas rutinas de trabajo autoimpuesto de preguntas comenzaron a dar resultados, porque logré tener respuestas que me dieron seguridad a la hora de presentar a la empresa.

En esos momentos tenía que tomar esa decisión, si volvía a ser empleado y volvía a trabajar en el último trabajo que había realizado, o volvía armarme de coraje y me presentaba como una empresa que no tenía ningún inconveniente para ejecutar cualquier proyecto o actividad.

Allí descubrí que cosas mágicas comienzan a ocurrir en la vida cuando uno tiene una idea y la mantiene obsesivamente.

Fue antes que se cumpliera el plazo para tomar la decisión que sonó mi teléfono y recibí un llamado de donde me indicaban que necesitaban conversar conmigo. Era justamente la empresa que me había ofrecido armar mi empresa hacía muchos años atrás. Lo primero que hice fue contarles toda mi historia desde cuando había iniciado la empresa. Fui sincero y les dije que no tenía capital de trabajo, o dinero en efectivo para hacer los trabajos que ellos me querían adjudicar. Fue ahí cuando vi materializarse una respuesta de las que había escrito en aquellas preguntas que me hacía en los blocks de notas, que fue la siguiente: **intención + disposición = resultado positivo.**

Las cosas por algo pasan en la vida. Hablé de pagar el precio y lo pagué. Luego de todas aquellas anécdotas, se me abrió un mundo de posibilidades, que mantuve por más de 11 años consecutivos donde, después de haber perdido el capital inicial, pude volver a retomar el oficio que tanto me había gustado. Comencé a ver frutos increíbles, donde faltaba tiempo para seguir ejecutando proyectos. Debo mencionar que el crecimiento fue también en todas las áreas de la empresa. Llegamos a tener personal en oficinas propias, teníamos personal fabricando todas nuestras piezas en unas tremendas instalaciones que fabricamos nosotros mismos. Verdaderamente fue un crecimiento enorme.

Pensé en esos momentos que tenía que escribirlo, que tenía que contar mi historia, por muy sencilla que fuese, pensaba con mucha humidad que esta historia podría servirles a muchas personas que podrían estar pasando por situaciones o circunstancias similares a la que yo había pasado y estaba pasando.

Muchas veces renunciamos a nuestros sueños por los tropiezos que nos da la vida, porque lo primero que decimos es "esto no es para mí", y no somos capaces de seguir adelante. Muchas veces en las mismas universidades enseñan que existen ciclos y tendencias en los emprendimientos, donde le dan a conocer que de una cierta cantidad de empresas son pocas las que sobreviven, porque tienen que pasar por diferentes etapas. No usare los términos universitarios, por una razón muy simple, que cuando uno está dispuesto a entregarse por completo para lograr el objetivo, no existen términos, ni tampoco estadísticas. Solo existen la fuerza, las ganas, el coraje, y una obsesión sin límites para alcanzar un objetivo.

No temas caer

La resiliencia.

Si estás pensando en formar tu empresa, siempre
ten presente que tu psicología es la base
fundamental.

Origen de una gran caída

Escribo este capítulo con enorme tristeza y congoja por no haber podido evitar una gran pérdida en mi vida. Y ahora, en mi adultez, quiero dejarlo testimoniado para ayudar a otros.

No quiero con mi actitud reemplazar los estudios de la gente que se dedica a la salud en general ni a la medicina, pero pienso que estas palabras, provenientes de alguien como yo que toda la vida trabajó, pueden tal vez a alguien ayudar.

Es entonces que les presento, desde mi humilde opinión, el mayor desafío de nosotros los **seres humanos: uno mismo.** Es uno el que, por ignorancia, miedo, o necesidad, tiende a enfermarse.

Aprendí con la vida el nombre de una gran enfermedad que sufren muchas personas, la depresión. Cuando la sentimos, los niveles de un neurotransmisor que tenemos en las células del cerebro llamado serotonina bajan.

No quiero con mis palabras reemplazar las explicaciones científicas, pero sí quiero explicar que esa depresión puede ser magnificada por un componente externo. El dormir mal, sentirte triste, no tener energía, sentirse no querido o deseado, y dolores en nuestro cuerpo pueden ser precedentes fatales para la gente que sufre de esta enfermedad.

No nos damos cuenta, pero puede ser mejorada con buena alimentación, con amor, con sentirse deseado y amado, con sentirse útil al desarrollar una actividad que nos traiga respeto y alegría, con ayudar al prójimo, con auto programarse para dormir, alimentarse, y tratarse bien. La impresión de pensamientos positivos hace que la serotonina, la llamada hormona de la felicidad, no caiga.

En el caso de mi vida, mi esposa tuvo una depresión llamada endógena la cual, según me explicaron en aquel momento los médicos, significaba que su cuerpo no fabricaba las cantidades necesarias de esos neurotransmisores que nos hacen sentir bien. Que haya habido un componente genético no nos alivianó la carga en nuestra espalda como familia. La genética influye, pero siempre la mente puede darnos la posibilidad de tomar un rol determinante en nuestro destino. Nada en el mundo, por más intenso que sea, nos debe quitar la posibilidad de imprimirnos de pensamientos positivos.

Si estamos ocupados, si tenemos algo que hacer, no tendremos tiempo de tener malos pensamientos. Debemos mantenernos ocupados, siempre trabajando en nuestros sueños y anhelos.

Cada persona es dueña de sus actos, pero en el caso de la depresión, entiendo y acepto con tristeza que a veces perdemos la batalla y con ella esa autoridad de ejercer las acciones que nos ayudan.

Separación del matrimonio

En el año 2010 tuve que tomar la decisión de separarme. Los motivos dicen los que saben que siempre son de las dos personas y que cada uno tiene el cincuenta por ciento de la responsabilidad.

Estaba entusiasmado porque, luego de 4 años de intenso trabajo, había podido construir una casa muy grande, hasta con piscina. Recuerdo que en aquel momento sentí que las dos primaveras que tardamos en construirla habían valido la pena porque ahora íbamos a poder tener un lindo espacio para pasar tiempo en familia y también que los beneficios que nos traería esa nueva casa grande llena de comodidades ayudarían con el tiempo a limar las asperezas del matrimonio.

Pero lamentablemente llegó el momento donde en el que no nos llevábamos nada bien, y los niños estaban viviendo discusiones en forma cotidiana. La convivencia no era para nada armoniosa, y a eso se sumaba que tristemente mi entonces esposa tenía depresión endógena, y no se la trató. No sabíamos en qué desembocaría aquello. Nadie nace sabiendo, lo sé, pero igual me produce un gran enojo. Muchas veces se tratan los síntomas, pero no el origen de las enfermedades.

No temas caerte.
Hay que sentirse pleno para tener
energía para levantarse.
Y para sentirte pleno ayuda al prójimo
como a ti mismo.
En mi caso, asistir a otros con
emprendimientos, me dio la fuerza de
levantarme de cada caída.

Después que me fui de la casa, comenzó mi pasión por leer en las tardes hasta quedarme dormido. Viktor Frankl, Lincoln, Freud, Cicerón, y decenas de autores pasaron por mis manos con enorme voracidad para lograr un aprendizaje más espiritual que resumo sencillamente en dos actos: Contribuir y Dar a otros.

Nunca temas por tomar decisiones, más vale temer por no tomarlas.

La pérdida de dos seres queridos

Lamentablemente el día 12 de julio del año 2011 falleció mi mamá a la edad de los 83 años. Ella siempre había sido el motor de mi vida. Fue un momento difícil, sin embargo, estaba conforme como hijo menor porque había dado todo lo mejor por ella, y eso me había dejado tranquilo. Es natural que un hijo un día despida a sus padres, y en mi caso sentí que ella se fue anciana y en paz.

Escribo estas palabras luego de haberle llevado unas rosas a su eterna morada. Como homenaje a ella quiero dejar aquí plasmada la frase que la acompaña: *"Julia Rosa Gallardo Salinas. Señor, bendice el amor que siempre nos tuvo en la tierra nuestra madre y haz que, desde el cielo, pueda seguir ayudándonos"*.

Aprendí que, al escribir un libro, la obra queda protegida por 70 años en su derecho de autor antes de pertenecer al dominio público por siempre. Dejar este testimonio aquí me llena de emoción, pues mis hijos podrán leerles a mis nietos acerca de esta gran señora. No solo sobre la enorme importancia que tuvo en mi vida como su hijo, sino también como impulsora de una gran contribución a todos aquellos que, de una forma u otra, he asistido compartiendo sus enseñanzas.

Lo que me ocasionó más pena en su momento fue que mi hijo menor Benjamín, quien tenía seis años, me haya preguntado por qué la abuelita se había muerto. Le respondí que Dios se la había llevado al cielo para que ella pudiera descansar, que ya había cumplido su misión aquí junto a nosotros. Entonces me preguntó por qué estaba en esa cajita de madera, y recuerdo que le expliqué que siempre el cuerpo se pone en una cajita, pero que su espíritu se iba al cielo.

Dolor y todo, entiendo que es normal despedir a la madre de uno cuando ella ya es mayor. Pero mi vida se transformó en una tormenta cuando, apenas dos meses más tarde, en septiembre del mismo año, falleció mi exesposa y madre de mis hijos al día siguiente de su cumpleaños.

Fue un golpe muy fuerte a mi vida, pero especialmente lo fue a la vida de mis hijos. Penosamente la muerte fue consecuencia de su enfermedad, la cual condujo a un detonante que se veía venir en cualquier momento.

No hay forma de evitar pensar en esta etapa de mi vida aún hoy con enorme dolor, y más siendo padre de 3 hijos maravillosos con quienes la vida me bendijo.

Fue y sigue siendo una situación muy compleja en el alma de mi familia y la destaco en este libro de experiencias y recomendaciones pues, como seguro imaginan, también produjo una situación compleja en mis empresas.

Actúa siempre con valentía y coraje para que tú, tus familiares, y las personas que trabajan contigo, colegas y colaboradores, siempre ayuden al prójimo con un trabajo que sea útil y apreciado.
Estar ocupado con un hacer siempre dará fuerzas para levantarse. Duerme bien, aliméntate bien, ocupa bien tu

*tiempo, imprímete con pensamientos
positivos.
No es difícil. Es solamente complejo,
pues a medida que crecemos tenemos
más temas de que ocuparnos.*

Contención de los hijos para sacarlos adelante

Antes que nada, quiero decir que les deseo siempre lo mejor a mis tres hijos de todo corazón. Siempre lo hice.

Al momento de la muerte de su madre Patricio, mi hijo del medio quien tenía en ese entonces 14 años, fue el que se llevó la peor parte. Él fue quien encontró a su madre fallecida. Y cruzar el período de la adolescencia con esta situación a cuestas sé que fue muy difícil para él.

Paula, mi hija mayor, estaba terminando la universidad. Luego comenzó con maestrías y a perfeccionarse cada día más y hoy ella es uno de los pilares fundamentales de mi vida y de las empresas. La admiro por sus valores.

Benjamín, qué es el más pequeño, tenía 6 años. A él le tocó pasar por un proceso bastante complejo. Fue el primero en ver partes de este libro.

Como dije, les comparto este pedazo de mi historia como parte de mi experiencia y mis consejos porque desde lo empresarial también me afectó profundamente.

No quiero poner foco en mis debilidades pues de ellas no hay nada que aprender, pero sí de las fortalezas. La gran energía siempre la obtuve de tener pensamientos positivos y ello quiero dejarlo como un legado a mis hijos y a todo lector que tenga en sus manos este libro.

Aquel año tuve que dedicarme 100% a mis hijos y dejar de lado todos los compromisos empresariales que tenía en esos momentos. Junto a profesionales de la salud y el desarrollo mental infantil y adolescente armamos un esquema para que mis hijos tuvieran todo el apoyo que necesitaban para atravesar la pérdida y ausencia de su madre, y yo me aboqué a aquello casi con exclusividad. Este proceso no fue menor, mis hijos habían perdido a su madre. Recuerdo un momento muy triste donde encontré a mi hijo Benjamín metido dentro de un clóset en posición fetal llorando. Lo abracé fuerte y le dije lo que me salió decirle: "Hijo, así es muchas veces la vida, por eso tenemos que ser fuertes".

Pérdida económica importante

El año siguiente la tormenta en mi vida aún no había pasado, sino todo lo contrario, se encrudecía. Comenzaron a llamarme proveedores importantes para advertir una situación que estaba ocurriendo en la compañía: no se estaban pagando las cuentas de todos los materiales para los distintos proyectos que se estaban realizando con los diferentes clientes, y también en nuestras instalaciones, donde estábamos realizando proyectos de fabricación.

Un día llegué de improviso a la empresa y sentí algo extraño en el ambiente. Inmediatamente busqué profesionales para hacer una intervención al servidor de la compañía, y esa misma noche, comenzamos a recopilar toda la información contable y financiera de toda la empresa. Trabajamos durante dos semanas para hacer una cuadratura general de todos los gastos e ingresos.

Después de haber hecho el balance final descubrí, para mi total sorpresa, que me encontraba técnicamente quebrado.

A un colaborador, si algo no le gusta,
puede renunciar y comenzar de nuevo.
Un emprendedor puede perder un cliente
y comenzar con otro.
Pero cuando un empresario se cae no
tiene otra forma de levantarse que
honrar sus deudas y errores, aunque
lleve muchos años.

En ese momento sentí que me estaba derrumbando por dentro y por fuera. Lo que más me ayudó fue estar determinado a no caerme porque tenía que ser el pilar fundamental, en todo sentido, para mis tres hijos.

Me encontraba en esos momentos con una pérdida aproximadamente de 20 millones de dólares. Todo esto ocurrió por diferentes situaciones, más una mala gestión y todo lo que podemos pensar cuando se te cae una cifra de las características mencionadas.

¿Recuerdan la explicación que hice sobre atrasos de un proyecto? Pues algo así me había sucedido a mí. Es como si para un proyecto hubiera comprado toneladas de acero de más, y hubiera duplicado la nómina de más de mil empleados, produciendo desvíos. El resultado fue desastroso. Por eso les recomiendo que lean nuevamente el ejercicio de planificación del capítulo anterior.

Lo primero que pensé fue algo que había aprendido hacía algunos años, que decía que un problema complejo que parece que no podemos resolver se debe dividir en problemas más pequeños que si podemos resolver. Entonces lo primero que hice fue revisar cuánto dinero teníamos en ese momento, y pagarles a los proveedores más pequeños. Es fundamental para una industria sana cuidar al eslabón más pequeño de la cadena, pues es a ellos a quienes pueden impactarles enormemente. La nómina y los proveedores pequeños son primero.

Con los proveedores más grandes tuvimos que hacer negociaciones a largo plazo, pues de una forma u otra, al ser más grandes, pudimos negociar.

Ese fue un periodo bastante complejo de mi vida de empresario porque habíamos entregado tantos cheques por materiales, insumos, y transporten que la situación nos desbordaba. Llegamos a un punto donde ya no teníamos control de todos los documentos que estaban en el mercado, y a su vez se emitían nuevos documentos todos los días.

El flujo de caja es la herramienta más valiosa de un empresario, pues si no se coordinan los pagos de nuestros clientes con las cobranzas de los proveedores se producen impactos aún mayores a los imaginables.

Gran parte del tiempo no teníamos el flujo de dinero suficiente para pagar los documentos, y esto nos produjo estar en la lista del Boletín Comercial. Para todos los que tengan dudas de qué significa el Boletín Comercial les cuento que El Boletín Comercial es una identidad que se encarga de publicar a todas las personas o empresas que tienen deudas de pagos. Esto impacta en los créditos, en las tasas, en la imagen, en el prestigio, en todo.

Maduré todas mis habilidades de negociación pues quería resolver los problemas, no desligarme de ellos. Pudimos conversar con nuestros trabajadores y explicarles en términos simples lo que había ocurrido, y que aquello tendría retrasos en los pagos de siete días pero que cumpliríamos siempre nuestras obligaciones. Lo entendieron, y comenzaron a ayudar, con paciencia y esfuerzo, en la recuperación de la empresa.

También se explicó a nuestros clientes que se nos había presentado una crisis y que la resolveríamos lo antes posible con nuestros trabajadores. Además, para tranquilidad de ellos, nosotros ya habíamos conversado con el personal y contábamos con su entendimiento y esfuerzo porque los antecedentes de la compañía lo avalaban.

Frente a una crisis, hay que desarrollar buenas comunicaciones, claras y directas, y honrar los compromisos asumidos. Esto da confianza y prepara el terreno para una mejor negociación. En mis años de negociación he visto numerosas personas que, frente a las crisis, se esconden. Las crisis son como batallas, hay que enfrentarlas y ganarlas, lleve el tiempo que lleve.

No era una situación puntual, era el producto de años de detalles los cuales, sumados unos a otros, creaban una montaña de problemas. Fue así como tuve que comenzar a hacer convenios de pagos con bancos, con entidades financieras, y cuanto convenio tuve que armar para que nos permitieran seguir funcionado. Seguir trabajando era el camino para pagar nuestros compromisos, que no eran menores.

He aquí que comenzó mi maestría en manejo de situaciones complejas, adversas, y en desarrollo de estrategias y negociación.

Nunca te rindas

Empodera tu Fuerza Interior.
Tus pensamientos son la clave para poderte
reforzar psicológicamente todos los días.

Comenzar a estabilizar la compañía

En mi vida personal tuve que apoyarme en personas que me asistieron en los quehaceres del hogar, y a la vez en el apoyo a mis hijos, pero yo tenía que estar presente cuando se llevaban a cabo los tratamientos con psicólogos y psiquiatras.

En mi vida empresarial, además de seguir buscando nuevas alternativas de trabajo para la empresa, tenía que aumentar la facturación para poder pagar el tremendo déficit que estaba enfrentando.

Créanme que fue un período de mi vida nada fácil; tenía que ser padre y madre a la vez, y también estar como líder principal de la compañía en la que había llegado en meses a tener contratados más de 1500 trabajadores.

Lo que siempre me puso de pie fueron mis hijos, las ganas de querer salir de una situación compleja, y demostrarme a mí mismo que tenía la capacidad y determinación de poder salir de esa situación.

Es importante que no hagamos más grandes los problemas de lo que son. Nuestra energía está en disminuir problemas y fortalecer oportunidades. No sintamos esto como una debilidad o una amenaza, sino como una prueba de oportunidad y fortaleza.

En un periodo donde existe mucha incertidumbre hay que preguntarse en todo instante cómo va a hacer uno para salir. Me recuerdo que en las vacaciones del año 2013 mi hijo menor, Benjamín, salió con su hermana Paula y mi nieto Vicente y fueron a los parques de Disney en Orlando, Florida. Benjamín me trajo un libro de regalo. El libro tenía una tapa roja y se llamaba *"Piense y Hágase rico"*, de Napoleón Hill, y me dijo "papá disculpa que el regalo no haya sido más grande". Le dije en esos momentos, "estoy muy orgulloso de ti, porque entiendo que tus pensamientos están orientados a cómo poder ayudar a tu padre".

Ese libro habla mucho de la importancia del cerebro, y del pensamiento como uno de los tesoros más grandes que existen para crear todo lo que tu mente puede alcanzar, o simplemente puede ser un antídoto para el fracaso, porque no acepta un NO como respuesta.

Ese regalo marcó para mí un hito muy importante en mi vida porque, de ahí en adelante, comencé a escuchar audio libros en mi vehículo cuando iba a reuniones de negocios o de proyectos. Como pasaba gran parte de mi tiempo en el vehículo, esto se transformó en una herramienta de autoayuda y crecimiento y desarrollo personal contra el fracaso.

Empecé a escuchar diferentes audio libros, y se incrementó mi pasión por la lectura. Maduré la fuerza de las palabras y me empecé a armar de ideas distintas de cómo podía ayudarme a mí mismo en esos momentos. Podía reforzar en forma continua mi actitud y mis habilidades, y darme las fuerzas suficientes para salir adelante.

En este periodo de tiempo mejoré bastante mi vida y empecé a enfocarme 100% en salir de las deudas y tener una actitud positiva todo el tiempo y buscar las posibilidades que me permitieran sentirme alegre. Debía mostrarles a mis hijos que, en la vida, aunque sea dura, hay que seguir adelante.

Estaba contento de agradecer a las personas que confiaron en mí y las que constantemente trabajaron en mi compañía. **No hay errores, son solamente pruebas, para cambiar la forma cómo estás haciendo las cosas y para pasar al siguiente nivel.**

Aprendí que el próximo nivel sería ser una mejor versión de mí en todos los aspectos de la vida, buscando la posibilidad de poder ayudar a muchas personas.

Empecé a soñar nuevamente, y empecé a creer que efectivamente algún día, cuando haya salido de las pesadillas, pensaría de forma distinta y mejor. Quiero tener el tiempo, y lo expresé ya por escrito, de hacer una academia que forme personas principalmente en oficios tales como: Soldadores, Mecánicos, y otras especialidades, y también en habilidades blandas que complementen la vida laboral y personal de las personas.

Para ser sincero, en aquella época vivía pendiente del teléfono y conectado las 24 horas del día, los 365 días del año. Aunque saliera con mis hijos un domingo, tenía que estar pendiente de todos los inconvenientes que pudieran presentarse en la ejecución de cada proyecto que tenía la empresa.

No valoraba mi tiempo, como todos aquellos que dicen no tener tiempo. Por esa misma razón siempre pensé que los emprendedores, algún día, deben entrar en el mundo del desarrollo y crecimiento personal.

Desafíos luego de estabilizar la compañía

Los años siguientes al 2011 y 2012 que considero fueron los más difíciles de mi vida, fueron un periodo de mucho esfuerzo y mucho sacrificio para lograr establecer la compañía.

Llegamos a un punto donde nuestras finanzas como empresa ya las teníamos controladas, no teníamos mayores inconvenientes con los bancos, ni con proveedores, ni con entidades financieras. Ya estábamos viendo la luz que en un momento se nos había apagado, y logramos ver nuevamente el camino y empezar a pensar en cómo podríamos iluminar nuestro camino de ahora en adelante.

Hay una anécdota que les quiero compartir. Una vez estábamos haciendo un mantenimiento de planta que duraba 15 días. En ese tiempo, en el 2014, tenía tratamiento de salud con mi hijo Benjamín. Un cliente me llamó para indicarme que había problemas con el término de la ejecución del mantenimiento y no estábamos cumpliendo con el plazo que teníamos. ¡El mantenimiento debía terminar a las 12 de la noche de ese día!

Recuerdo que fui inmediatamente a las instalaciones del cliente. Conversé con los líderes principales de aquella compañía, y me comprometí con ellos a que revertiríamos la situación, sin embargo, le pedí que me dejaran conversar a mí con todas las personas, y si ellos querían escuchar no tenía ningún inconveniente.

Llamé a todos los líderes de mí empresa y di la orden de que reunieran a todo el personal, mientras tanto solicité que fueran a comprar abundantes gaseosas para toda la gente. Comencé saludándolos uno por uno, les expliqué y a la vez les comenté que habíamos perdido el control de la mantención del equipo que estábamos interviniendo. Les dije que creía en ellos y que entendía el cansancio que podían tener, además de la frustración que podían sentir producto de que las cosas no estaban saliendo como habíamos previsto. Les comenté que esta mantención era muy especial para nosotros como empresa, porque hacía más de 4 años que no hacíamos una mantención con este cliente.

Sin embargo, volví a mencionarle que, a pesar de todos los inconvenientes, yo tenía la confianza en ellos de que podían dar vuelta el resultado, indiqué que era de suma importancia que pudiéramos desafiarnos a nosotros mismos y terminar este compromiso. Sabía que era mucho esfuerzo, pero también tenía la certeza de que podíamos terminar el trabajo a las 00:00 de la noche.

Todos comenzaron a mover la cabeza entendiendo el problema, y ahí les dije que yo también tenía problemas, que era un ser humano como todos ellos, y que tuve que interrumpir una cita con un médico con mi hijo por los inconvenientes que se presentaron con esta ejecución. Les dije que estaba siendo papá y mamá a la vez, que entendía perfectamente lo que estaba pasando, y también podía entender a alguno de los presentes que podría estar pasando por alguna situación similar a la mía. Les dije a ellos: "Ustedes, con toda su gran experiencia, díganme cual sería LA MEJOR IDEA". La gente me hizo caso, y comenzó a mejorar, vi a la gente trabajar con fuerza y con ganas, y logramos revertir una situación compleja. Terminamos y la gente no se dio cuenta que en 24 horas terminamos el trabajo, y el cliente no podía creer que habíamos logrado, con actitud, resolver los problemas y entregar una respuesta y todo terminado en 24 horas.

La actitud da fuerza y pienso que esta anécdota le servirá a mucha gente, pues todos nos necesitamos, todos podemos tener problemas, pero con un espíritu de equipo se puede lograr lo que uno quiera, inclusive resolver una situación compleja que parecía perdida, y ¡en 24 horas! Recuerdo haberle pedido al cliente que nos dejara trabajar, que no nos presione esas 24 horas. Muchas veces la impaciencia del cliente hace que se retrasen los trabajos, pero no confundamos, es bueno tener la presión del cliente. De lo contrario no seriamos competentes para mejorar.

En ese momento, no me di cuenta de que empoderé a más de 300 personas en ambos turnos, se acoplaron en la medida que fueron llegando y revertimos, con entusiasmo y energía, el resultado que teníamos hasta el momento.

Ese fue un gran logro, porque alcanzamos algo tan importante como era lograr un objetivo que se veía imposible conseguir.

Un nuevo desafío

En el año 2015 ya teníamos resueltos todos los inconvenientes financieros y económicos; habíamos salido de todos los compromisos que nos habían dejado los tremendos inconvenientes ocurridos desde el año 2011 hasta el 2012. Ya estábamos en un camino relativamente tranquilo viendo que nuestras finanzas como empresas estaban estabilizadas y estábamos creciendo. Empezamos a diversificarnos en diferentes rubros y a la vez también seguimos creciendo en cuanto a infraestructura. La compañía que había formado terminó trasformada en un holding de 12 empresas. ¿Por qué se hacen estas diversificaciones? Para minimizar el riesgo.

La vida me enseñó que debía seguir creciendo y aprendiendo; y me esperaba un desafío que me enseñó la segunda lección más importante luego de la primera que es tener pensamiento positivo: **"siempre respalda y prepara una buena documentación, y que sea antes de que la necesites"**.

Después de haber pasado por todos esos momentos tan difíciles de tipo familiar y también económicos, por todos los inconvenientes ocurridos, y cuándo ya estábamos replanteados con 12 empresas, fuimos a un proyecto bastante importante para el poco tiempo que teníamos para ejecutarlo.

Un proyecto de ejecución que trajo inconvenientes económicos graves a la compañía: nos adjudicamos un proyecto por un periodo de cuatro meses, por una cantidad aproximada de 10 millones de dólares.

Comenzamos trabajando fuertemente con este proyecto, y teníamos personas que estaban trabajando en turnos de día y de noche, tanto en nuestras instalaciones de Maestranza, como en las instalaciones del cliente donde se estaba realizando la ejecución de la obra.

Conforme se fue avanzando, nos encontramos con muchos inconvenientes como ser que todas las piezas que habíamos fabricado según plano ya no coincidían cuando fuimos hacer el montaje. Es decir, nuestros planos no coincidían con la realidad, y por ende las piezas no coincidían con los trazados donde había que hacer el montaje original. Lo que no lográbamos entender era por qué había ocurrido aquello. Hicimos una investigación, y nos encontramos que habían modificado la maqueta original muchas veces, y mientras estábamos fabricando, no nos habían informado de esos cambios. ¡Llegaron a modificar mínimo 18 veces la maqueta antes de ir hacer el montaje!

Recordemos que, si fallamos en los planos y en la comunicación y además en la logística, la batalla está absolutamente perdida. Aún con optimismo, si no acompañas con documentación certera diariamente y obtienes todos los días la firma que respalda las desviaciones a tiempo, PERDERÁS.

Los planos y cambios de maqueta no fueron solamente el problema; nos tenían que proporcionar los equipos, y ni siquiera los habían comprado. Y esto ocasionó una cadena de acontecimientos de desincronización con otros contratistas que además tuvieron retrasos en entregar el montaje de las estructuras, donde a nosotros nos ocasiono un retraso para el montaje de nuestras piezas fabricadas. Esto nos impidió avanzar, teníamos interferencias entre 13 empresas que estábamos interactuando en las diferentes disciplinas.

Llegó el momento en que se terminó el plazo y nosotros teníamos todo fabricado y no teníamos más que un 30% del proyecto total montado.

Una tormenta adversa que entendí que se debió al mal uso del programa maestro que lo tenía la empresa que estaba a cargo de realizar el proyecto denominado *EPCM*, sigla que se refiere a las palabras inglesas *Engineering, Procurement, Construction, Management*, en términos español significa Ingeniería, Adquisiciones, Gestión de Construcción. Esto no fue bien ejecutado por dicha empresa de ingeniería. Un proyecto tiene un plan y objetivo concreto, y un programa es la combinación de decenas o centenas de partidas de cada especialidad. La combinación de problemas hace imposible su prevención, son todos problemas de planificación.

Otra vez en mi vida tuve que sentarme a conversar y ver cómo podíamos resolver estos inconvenientes. Explicamos la situación, le contamos todos los problemas que teníamos para ejecutar el proyecto, y que para nosotros como empresa era sumamente importante poder terminar siempre nuestros proyectos de fabricación y montaje.

Explicamos que siempre resolvíamos cualquier inconveniente en toda ejecución con nuestros clientes donde nos habían elegido para realizar algún proyecto. Nos respondieron que no habría ningún inconveniente con ellos como compañía, que ellos respetarían todo lo que hubiera que pagar pero que viéramos la forma de terminar el proyecto.

Nos confiamos y creímos que eran clientes serios por una razón muy sencilla, trabajan para la gran minería de Chile y para el mundo. Y por eso pensamos que no tendríamos ningún inconveniente con ellos. Mi consejo es que debemos confiar más en los documentos que en nuestras percepciones. Por esta confianza seguimos adelante con el proyecto y haciendo modificaciones hasta que, en octubre del año 2015, nos volvimos a sentar para poder cerrar una parte de los costos que ya habían sobrepasado la cantidad presupuestada y aceptada con adjudicación por ese monto.

En esos momentos fue que nos encontramos con que primero dijeron de que no había ningún inconveniente, pero después comenzaron a poner mucha resistencia en la negociación. Ya llevábamos más de 4 meses financiando nosotros mismos el proyecto, y teníamos más de 500 personas trabajando.

De ahí en adelante fueron puros problemas, de hecho, ellos mismos nos indicaron que presentáramos una demanda con todas nuestras quejas en la cámara de comercio de Santiago.

No quisimos dejar abandonada la obra y empezamos a financiar ese proyecto con otros contratos hasta llegar al mes de diciembre que presentamos finalmente la demanda por más de 15 millones de dólares y con aumento, y solicitando la mediación arbitraria. Un proyecto de 4 meses lo terminamos finalmente a los 14 meses. Lo lamentable de todo esto es que nosotros cotizamos solamente cuatro meses para todo el proyecto.

Una vez más me hallaba buscando la forma de salir del problema económico después del proyecto, nuevamente volviendo a pasar por una situación económica difícil, pero ahora muy diferente pensando y confiando que los clientes a los que le estábamos prestando el servicio eran clientes que cumplirían con sus compromisos.

Podíamos haber obtenido el costo del proyecto por menos de lo que gastamos, pero cuando hay retrasos los costos no se suman, se multiplican.

Nos tocó nuevamente volver a pasar por una situación muy similar a la del año 2012, donde tuve que hacer planes de refinanciamiento con bancos, con proveedores, con entidades financieras, y además se nos sumaba la contracción de todos los proyectos de la minería por el valor del precio del cobre. Este fue un golpe fuerte porque tuvimos que enfrentarnos a varios factores externos a nuestra empresa. En un momento pensé que esta situación sería bastante difícil por el estado de la economía de esos tiempos y, efectivamente, no me equivoqué.

Puse mi foco entonces en revertir la situación. Luego de todo lo ocurrido solamente me quedaba pensar cómo podía seguir manteniendo en pie la empresa, seguir pagando los compromisos que tenía, y enfrentarme a algo que jamás me había enfrentado antes, no tenía experiencia en este tipo de negociación llamada mediación arbitral. Tenía muchas dudas, si efectivamente se mediaba, que fuera un resultado justo.

A esas alturas solamente me quedaba darme fuerzas, me puse a pensar y me dije así mismo "tengo que seguir expandiendo la compañía a través de todo el territorio nacional".

Debía buscar más alternativas para sumarle mayor facturación, y que el margen de los beneficios me alcanzara para cubrir los costos de las pérdidas que había dejado aquel proyecto para la empresa, y que al mismo tiempo pudiera pagar los compromisos asumidos, más aun sabiendo que teníamos que pagar para tener una medicación arbitraria además de tener que pagar también a la firma de abogados, lo cual creo que era algo ilógico e injusto.

Si un día te planteas ir a una mediación arbitraria te daré un gran consejo: concéntrate en tener una clara documentación antes del proceso.

Pasas por un proceso de mediación arbitral por más de 3 años y con todos los perjuicios que esto ocasiona es un proceso bastante complicado ya que había que reconstruir toda la historia. Una mediación arbitral conlleva una completa auditoría contable y operativa, lo que implicaba detallar desde los inicios de cuando nos invitaron a licitar, hasta cuando terminamos el proyecto completo.

Era mucha información que teníamos que ir reconstruyendo y explicándole a los abogados que participaron en todo este proceso. La tuvimos que explicar varias veces, pasaron cosas anormales, por esa misma razón cambiamos varias veces de abogados. Debido a esto, me tocaba viajar casi todos los días a Santiago ya que teníamos que juntarnos diariamente con los abogados. Fueron años perdidos en reuniones con los abogados para poder asistir a las audiencias que se producían por esta famosa mediación arbitral, que estaba hecha a la medida de las grandes empresas.

Más de tres años pasamos en una mediación arbitral para terminar con resultados negativos para la compañía. Este proceso además de las pérdidas económicas generó un desgaste físico y psicológico muy importante en todas las personas que participamos. Estar esperando que te paguen lo que realmente se gastó como costo directo del proyecto sin siquiera buscar una ganancia fue desgastante.

Solamente se estaba pidiendo que se pagara lo que correspondía del proyecto que se había terminado responsablemente, y que los resultados hablaban por sí solos. La noticia fue peor aun cuando en mayo de este año 2019 nos notifican que habíamos perdido en la Cámara de Comercio de Santiago, en la corte apelaciones, y en la corte suprema. O sea, ninguna instancia falló a favor nuestro.

No entiendo cómo, con una documentación clara que fue auditada por un peritaje que decreto él propio juez árbitro, donde además se determinó que todo lo que nosotros habíamos hecho, técnica y documentalmente estaba bien, pudimos obtener ese resultado del propio peritaje que fue decretado unilateralmente por el juez árbitro. Después de haber tenido un resultado favorable de parte de los peritos, el juez invalida el resultado y nos hace perdedores de la famosa mediación arbitral. Esto fue bastante injusto. Por lo menos deberíamos haber llegado a algún acuerdo ya que nos hicieron bajar los montos y nos quedó en un monto mucho menor, y todos eran gastos del propio proyecto.

Terminamos con más de 13 millones de dólares de pérdida, producto de que hicieron bajar hasta la más mínima expresión todo el gasto, y después ni siquiera terminaron pagando el proyecto terminado y funcionando.

Y vuelta a pensar cómo replantearse para salir de la crisis. Muchas veces pensamos que las cosas no van a volver a ser igual porque ya te ocurrió una vez, y nos sentimos angustiados, nos sentimos con nostalgia.

Sin embargo, siempre he creído, y lo sostengo por el resto de mi vida, que tenemos que luchar y darle con toda la fuerza, con todas las ganas, con todo lo que uno pueda dar de uno mismo. Fue así como empecé, con mucho ánimo, a imprimirme todos los días de pensamientos positivos. Y comencé a replantearme nuevamente, y decirme a mí mismo: "tengo que diversificar mucho más los servicios en la industria", "debo buscar alternativas nuevas que me permitan aumentar el nivel de facturación", "debo concentrarme en mantener más estable todos los meses la compañía para poder pagar la nómina mensual, los compromisos con proveedores, y además buscar la forma de seguir creciendo".

El único propósito que debemos tener en nuestras vidas es las ganas, las fuerzas, para seguir luchando y no esperar que los problemas sigan aumentando. No pienses que te puedes deprimir, ni te vayas a acostar y quedarte en la cama. Los problemas no se resolverán solos.

La vida te da la posibilidad cada día para que te puedas replantear todo. Lo propongo como forma de vida, y me gusta seguir empleando a muchas personas y ofrecerles trabajo en la compañía.

Una vez más he vuelto a salir de mis deudas; es fundamental que uno asuma sus compromisos. Se debe tener un pensamiento interno positivo, y una convicción absoluta de que uno puede lograrlo.

Siempre es sumamente importante tomar el control de la vida de uno y tener muchas ganas de salir adelante y estar convencido 100% que, con coraje, lograrás todos tus sueños y anhelos.

Trece

El entendimiento del sistema

Expandirse y diversificarse en la industria de la minería

Esta es mi misión, pero no solo en Chile, sino que quiero ayudar a mi país, exportando mis servicios para traer negocios a nuestra patria.

Me gusta diversificarme en la industria, y eso está demostrado ya que nos hemos expandido constantemente. Hemos ido creando alternativas nuevas de negocios que nos permitieron seguir creciendo, al tiempo que logramos mantener un prestigio bastante importante a lo largo de toda la trayectoria de la empresa.

Al tiempo que me encuentro escribiendo este libro, la compañía a la que represento está entrando en el mundo de las mantenciones, lo digo de esta forma porque realmente es un mundo de posibilidades: mantenimientos mecánicos y estructurales, reparaciones de equipos mineros, montajes de equipos. Además, contamos con una tremenda infraestructura para apoyar los contratos, con una serie de máquinas y equipos que nos ayudan a hacer piezas que no son comerciales contando con servicio las 24 horas del día, los 365 días del año. Esto simplemente busca enfocarnos en la diferenciación e innovación.

Esto lo digo con mucho respeto, porque nosotros mismos luchamos con nosotros y contra nosotros para ser mejores, y así buscar siempre la forma de superar los problemas, traspasar fronteras, y no solo conformarnos con ser buenos. Queremos ser los mejores, queremos lograr tener un reconocimiento, no solamente en nuestro país, sino que seamos reconocidos a nivel internacional.

Por esta misma razón es muy importante que las personas que están en el mundo del emprendimiento sepan que no hay que conformarse con ser bueno, siempre debes luchar por ser el mejor en lo que hagas.

Cambio de forma de ver la vida

En el año 2017 empecé a ir a conferencias muy puntuales en mi país a las cuales concurrí con mi hijo Benjamín. Luego seguí buscando alternativas, y a principio del año 2018 tomé algunos cursos de lectura de Alto Rendimiento donde conocí personas muy especiales.

En ese momento de mi vida comencé un camino de crecimiento personal muy importante, donde ahora ya estoy cumpliendo dos años y no he parado de hacer capacitaciones no solo en Chile sino también en los Estados Unidos y Europa.

Conocí personas de relevancia mundial en las áreas de crecimiento personal, y esto me ha llevado a tener una mirada más completa del cambio.

Hoy entiendo más que nunca que, para gestionar el cambio, lo más importante es saber dónde quiero ir y coordinar mis expectativas con las de las personas que me rodean, mi familia y los colaboradores. El cambio se basa en ser muy claro en las comunicaciones y entrenar a todos en ese cambio.

Emprendí una evolución fundamentada en cómo quiero vivir la vida, y ahí terminó de tomar forma este libro de experiencias y consejos.

Nosotros, los seres humanos, somos seres totalmente llenos de poderes internos, y uno fundamental es el coraje. Con coraje podremos cambiar toda nuestra vida si somos claros y determinados en nuestros objetivos.

Contribuye

El mayor logro de nuestras vidas es DAR

Mi experiencia de Tony Robbins

(Basado en las 6 necesidades del ser Humano. Unleash The Power Within. Tony Robbins)

En el año 2018 asistí por primera vez a un evento de Tony Robbins en Nueva York en los Estados Unidos. Tony Robbins tuvo de mentor nada más y nada menos que a JIM ROHN.

Entre docenas de personas importantes, Tony Robbins entrenó a más de 40 millones de personas en más de 100 países, y factura entre todas sus empresas 5,500 mil millones de dólares anuales en un holding de 55 empresas. Lo que ha hecho Robbins a través de los años es digno de la admiración de muchas personas, y sin dudas de la mía. Me he sentido identificado con su historia que, aunque no sea la misma historia que la mía, la destaco porque es un ejemplo de que los sueños se pueden convertir en realidad.

Su enseñanza principal es que la razón por la que la gente no avanza es por miedo, y que ese miedo se ancla en seis necesidades humanas. La gente se concentra en lo que necesita, y al no obtener la satisfacción a esa necesidad, se paraliza.

Comparto aquí su enseñanza y lo hago con mis propias palabras pues sé que muchos lectores no sabrán de qué se tratan las capacitaciones de

Robbins. Les comparto entonces un poquito de uno de sus entrenamientos que lleva 50 horas a lo largo de 4 días.

Necesidad de Certeza

Generalmente la gente necesita la certeza de tener salud, la certeza de tener dinero o trabajo, la certeza de sentirse escuchados. Sin esa certeza no pueden avanzar. Los identificamos con la frase... "si tuviera xxxx", reemplazando esas xxxx por cualquier bien espiritual, físico o económico que quieran con certeza. Con esas certezas se piensa que luego se podrá hacer cualquier cosa que se desee.

Ejemplo: Si tuviera las cuentas pagas podría estar tranquilo y crecer, pero como no llego a final de mes vivo preocupado.

Pero esa no es la única necesidad que necesitamos saciar como seres humanos. Hay otras más.

Necesidad de Variedad

Esta necesidad también está relacionada con la incertidumbre. Sin variedad uno se aburre, se apaga. Necesitamos variedad e incertidumbre para crecer. Son los complementos de la gente que necesita certeza. Necesitan más clientes para sentirse completos. Buscan variedad de clientes y productos para crecer, no se contentan con un solo cliente. Los identificamos con la frase... "si tuviera xxxx".

Ejemplo: Si tuviera más clientes podría crecer.

Necesidad de sentirse importante

Esta necesidad está relacionada a las emociones de querer ser escuchado, aceptado, respetado.

Ejemplo: cuando ascienda podré cuidar más a mi familia. Cuando gane más dinero (sentir que uno vale más), creceré.

Según las enseñanzas de Tony Robbins, esas 3 necesidades las tenemos todos, sin excepción, en mayor o menor medida, y con estas 3 necesidades uno sale a trabajar en forma dependiente o independiente tratando de desarrollar valor.

Pero, aun así, las personas sienten un vacío continuo, pasan los años y no crecen. Aunque hayan logrado acumular mucho dinero, sienten que necesitan más dinero, más variedad, y más aceptación y respeto de otros para llenar ese vacío.

Pasa el tiempo, acumulan más y más de todo eso, y ese vacío no se llena. Contratan gente y les comparten su necesidad de certezas, su necesidad de variedad, su necesidad de sentirse importante, y no avanzan, ni uno, ni la gente que uno contrata o ayuda. Y tampoco crecen los clientes.

Lo que ocurre es que hay otras 3 necesidades mucho más importantes, las necesidades que siempre aspiramos desarrollar y tener, "después" de las 3 primeras. Ellas son:

La necesidad de sentirse conectados

Es la necesidad de amar y sentirse amado. De desear a otro y sentirse deseado. La necesidad de conectarse.

Nadie quiere trabajar solo. Todos quieren trabajar con alguien, todos quieren tener amigos, pareja, asociados y comunidades de trabajo.

Ejemplo: Gracias al amor y respeto recíproco de mi madre puedo conectarme.

La necesidad de crecer

Esta necesidad es clave. Si no crezco, muero. No existe quedarse quieto. Si no avanzo entonces retrocedo.

Esto pasa en la gente que no crece, en la gente que no aprende, en la gente que no entiende a los demás.

Ejemplo: Creceré cuando ocurra tal otra cosa, mientras tanto me quedo esperando. Si espero me paralizo, me estanco retrocedo. Si me pongo en acción avanzo.

La necesidad de contribuir o Dar

Todos necesitamos ayudar a otros, porque ayudar a crecer a otros nos hace crecer a nosotros también como seres humanos. Si no ayudamos no crecemos.

Ejemplo: Ayudaré cuando primero pague las cuentas. Compraré un pasaje caro cuando tenga dinero. Cuando tenga, daré.

Lo que generalmente ocurre es que uno comienza con las primeras 3 necesidades pensando que con ellas va a poder satisfacer las 3 siguientes, *¡pero es al revés!*

Solo comenzando por las segundas 3 necesidades uno puede comenzar a satisfacer las 3 primeras.

Doy gracias a mi madre que siempre me enseñó ese orden, Dar, crecer y conectar, y eso me iba a llevar a la certeza, a la variedad y al ser valorado.

En el mundo empresarial debemos dar, hacer crecer y conectar con nuestros clientes.

Solo cuando nos proponemos crecer, es cuando lo logramos. Cuando desaparecen las excusas, cuando desaparece la ley de Parkinson, que establece que siempre usamos el 100% del tiempo disponible, ahí es cuando logramos despegar de verdad.

Solo cuando contribuimos, es cuando el universo comienza a contribuir con nosotros.

Resumiendo. Solo haciendo crecer a otros, mirando a otros, entendiendo a otros, es que creamos el camino para crecer nosotros, logramos que nos miren y que nos entiendan.

No creo en la caridad de dinero ni de tiempo. Creo solo en que debemos trabajar por crecer y hacer que otros crezcan, siendo útiles, soldando en la vida las partes que necesiten soldarse.

*Sugerencias para
emprendedores*

Como ya expliqué antes, este libro me surgió por mis tantas experiencias y aprendizajes. "Quiero que cuando mis hijos crezcan conozcan las experiencias y recomendaciones que fueron importantes para mí para emprender".

Para que este libro sea una guía realmente útil y que fomente la meritocracia, las primeras preguntas que pensé fueron: ¿A quiénes les estoy escribiendo este libro? ¿A mis hijos? ¿A emprendedores? ¿A aquellos que no lo son, pero quieren serlo? Y la verdad es que lo escribo para todos.

¿Cómo hacer para que les sea útil? Seguramente una forma es leyendo este libro y compartiendo sus opiniones con colegas y colaboradores.

Pero recuerda: lo perfecto es enemigo de lo bueno. Porque la perfección es un camino, no un evento. Todo se puede perfeccionar día a día, lo sano es concentrarse en lo positivo y no en lo negativo. Si en lo que hacemos un 98% está bien, ese 2% restante es solo una oportunidad para mejorar. Entonces te invito a que te concentres en tu 98% de coraje y de compromiso.

Tenemos toda la vida para mejorar. Y ahí radica la belleza de la vida.

Recuerda siempre que el camino es lo único que tenemos. Haz que tu camino se llene de tu propia luz y que ilumine el camino de otros.

No olvides que la búsqueda de la perfección es el camino más inocente al auto boicot. Porque no nos deja disfrutar nuestra imperfecta humanidad.

Tener un sueño es el primer requisito

Tener un sueño es la base de todo.

De lo primero que quisiera hablarles es de la importancia de los sueños. Y digo sueños, no deseos. Los sueños son más específicos y los deseos nebulosos, puedes soñar con comprarte un auto o puedes desear enamorarte.

Pero cuando uno emprende con el corazón tiene que estar muy concreto sobre su sueño. Cuando quieres emprender y ya tienes identificado tu sueño, queda preguntarse, ¿te imaginas realmente cumpliendo tu sueño? ¿Te ves en 1, 5, 10 y 20 años seguir teniendo ese mismo sueño, viviéndolo, disfrutándolo aun sabiendo que no va a ser fácil?

Muchos piensan que ser empresario es estar enfocado en los resultados, cómo generar u obtener rentabilidad, crear estrategias, hablar de marketing, de ventas, etc. Y todo eso está muy bien. Pero solo sirven cuando están enmarcados dentro de un sueño.

El sueño es el motor y el pegamento de todo lo demás. Tener un sueño y cumplir un sueño son cosas muy distintas. Se puede soñar y ser feliz simplemente soñando, o se puede soñar y no poder esperar a que salga el sol para levantarse a cumplirlo. Y a veces no se puede ni esperar eso.

¿Cuánto vale para ti poder hacer todos los días de tu vida algo que te guste y te apasione?

Para ser un verdadero empresario hay que ser de los que no puede esperar a que salga el sol. Los empresarios nos tomamos nuestro sueño muy en serio.

Buscar tiempo es el primer paso

La gente dice que no tiene tiempo, pero
¡se lo tiene que generar!

La respuesta es simple (como la mayoría de las soluciones a algunos problemas complejos). Primero necesitamos hacernos de un tiempo dentro de nuestra vida cotidiana para planificar mejorar.

Comenzamos aprendiendo que un cambio de perspectiva es un cambio en la forma de ver los temas. Un nuevo enfoque, un nuevo punto de vista, algo que debemos mirar desde otro ángulo. Algo que seguramente nos obligará a disponer de tiempo para pensar sobre algunas acciones que debamos desarrollar,

Si le pides a alguien en una reunión que apague la luz, instintivamente mirará las paredes para buscar el interruptor, y luego intentará accionarlo para prender o apagar la luz.

Dependiendo de cómo se organice el tiempo para transitar las mejoras es que se podrá avanzar en el camino. No solo basta la voluntad, depende también de sus intereses personales, de sus actividades cotidianas. Una buena herramienta que tenemos ahora es consultar por internet, de esta manera también dedica Ud. tiempo para hacerlo, pero se recomienda comenzar pensando qué se necesita, y no ir directo a la solución.

Cuando comencé no tenía internet. Sin dudas si hubiera habido, hubiera ahorrado mucho tiempo y dinero. En mis tiempos el buscador por excelencia era el diccionario.

Recuerdo que cuando estaba pequeño salió un álbum que se llamaba el MUNDO DE LOS POR QUÉ. Uno compraba las láminas a color y las pegaba, y salía, por ejemplo: por qué vuelan los aviones, enseguida salía la respuesta, y así sucesivamente seguían saliendo preguntas y respuestas.

Hoy deberíamos, antes de consultar el navegador de internet, usar la pregunta CÓMO, cómo hago esto, cómo puedo lograr esto otro, CÓMO PUEDO LOGRAR MIS SUEÑOS.

La clave está en hacer trabajar la mente en forma consciente constantemente, y hacerte todas las preguntas que sean necesarias y buscar las respuestas que sean necesarias. Por una simple razón, la mente trabaja para buscar alternativas, y si tú se las exiges, ella irá tras las respuestas. Debemos tener en cuenta que siempre debemos anotar todas nuestras preguntas, y después deberíamos tener 3 respuestas por cada pregunta. Ahora podrías profundizar más y aplicar un múltiplo de 30 por cada pregunta, eso sí que sería llegar al fondo del pensamiento y lograr conseguir la respuesta que tú necesitas. La idea es que estos procesos los puedas realizar con un sistema que tú mismo puedes crear, y deberías hacerlo con el mínimo de tiempo, así lograras hacer trabajar tu mente de forma acelerada y con el tiempo te convertirás en una persona que puede encontrar respuestas antes que cualquier otra persona que no practica esta técnica.

Actitud - Certeza

Siempre tienes que ponerle intención y certeza a todo lo que hagas, eso te alumbrará el camino para llegar.

¿Qué es tener certeza? Tener certeza es, por ejemplo, que cuando yo me levanto temprano y debo realizar cualquier actividad voy a tener claro el objetivo y me voy a planificar con la clara convicción de que voy a llegar a cumplir lo que necesito hacer.

Recuerdo una ocasión en que un cliente necesitaba de mis servicios. En aquella época todavía no era emprendedor, solamente era soldador, y el cliente me llamó para hacer un trabajo. Este trabajo consistía en hacer una reparación de un tubo de caldera. Una caldera, como ustedes seguro saben, es una fuente de poder que genera vapor de alta presión y esto genera energía que se puede utilizar en diferentes máquinas, equipos, o procesos.

El trabajo consistía en reparar un tubo del techo de una caldera inmensamente grande, donde en aquel momento solo detuvieron el proceso para hacer esta reparación. Como habían detenido para hacer solamente la reparación hacía mucho calor, unos 50° de temperatura, y esto estaba a la altura de la cabeza donde se tenía que hacer la soldadura. Recuerdo el momento en que subí a ver el trabajo. Invité a un amigo y le dije que necesitaba hacer el trabajo en forma urgente. Tenemos que ponerle un tiempo real, y tenemos que ser súper concretos a la hora de conversar con el cliente y decirle que lo vamos a hacer en un determinado tiempo. Conversamos con el cliente y lo primero que me preguntó fue cuánto tiempo tardaría la reparación de la rotura. Nos demoraríamos en realizar dicha reparación unas 3 horas, él respondió que era muy poco tiempo lo que estaba proponiendo para hacer la reparación. Yo respondí con seguridad que ese sería el tiempo, y finalmente nos llevó dos horas y cuarenta minutos, menos del tiempo indicado. A eso se le llama certeza.

La intención, al ser certera, se transforma en determinación, y la determinación es el camino que te hará llegar a cumplir tus metas.

Cuando uno está pensando en realizar alguna actividad que le pueda generar dividendos para poder solventar su casa, solventar sus sueños, solventar una vida diferente, es entonces que se necesita determinación.

Hay que tener un camino claramente definido, y de ahí, una vez que lo tengas, comienza tu camino de forma muy recta. Y no mires para atrás, ni para los lados, solamente dedícate a mirar siempre hacia delante. La vida uno la puede determinar si solamente enfoca la mirada en donde tiene identificado el objetivo. Esto definitivamente es algo como querer dar el tiro en el blanco, si estás pensando en darle al blanco, tienes que estar pensando constantemente en el punto. Y cada vez que enfoques tu mirada, que sea también en tu pensamiento a lo que quieres ser, o donde quieres llegar. Toda tu vida está llena de posibilidades que solamente tú puedes materializar, esto es a lo que uno debe apuntar en la vida con todas las ganas, con todas las fuerzas, con todo el corazón. A esto es a lo que me refiero cuando hablo de determinación, poner todo lo que sea necesario para lograr todas las promesas que te haces a ti mismo, y no te permitas ponerte límites a tu determinación. Es por esta razón que mirar solamente para adelante te ayudara a saltar los obstáculos para llegar hasta donde tu determinación quiera llegar.

Convierte tu determinación en una realidad para que el día de mañana puedas decir "me desafié a mí mismo, y cuando llegó el momento no lo dudé. Aunque tuve muchos tropiezos en el camino, no deje de creer que lo podría lograr".

Cuando tú te desafías a ti mismo debes tener el valor para ser perseverante en tu objetivo a cumplir, esto requiere mucha determinación, mucha disciplina, para no dejarse abatir por los problemas o crisis en la vida. Recuerda siempre que tú estás llevando el control de tu vida, tú estás llevando el control de tus pensamientos, y cuando tienes una determinación de lo que quieres hacer o ser en la vida, tendrás que seguir enfocando tu determinación a tu propósito definido. Y cuanto más intenso es tu deseo, será más rápido llegar a cumplirlo que tú te propusiste cumplir en la vida, recuerda siempre que uno debe estar enfocado en su propósito determinado, porque eso te llevará a cumplir tu determinación que te propusiste cuando dijiste "voy a luchar cueste lo que cueste para llegar a conseguir mi determinación". Eso será lo que marcará tu paso por esta vida.

Piensa que muchas personas esperan a que ocurran milagros, hoy más que nunca los milagros se pueden cumplir simplemente con determinación y disciplina.

Comienzo del día

*Tenemos que comenzar el día con mucho
ánimo y energía.*

Comenzar bien cada día es fundamental, y mucha gente comienza su día de mal humor. Eso no ayuda, al contrario. Hay que aprovechar bien las mañanas. Llénese con pensamientos positivos. Los pensamientos positivos son los cimientos de la identidad.

Mire los talentos de los demás, el lado positivo de las personas. Erradique de su vida los "no puedo", "no lo veo", "no quiero". Sueñe con grandes proyectos, no hace falta que salgan bien en el primer intento.

Es importante pensar que cuando uno comienza el día, muchas veces por cosas que le han ocurrido, siente que no tiene fuerza y que le falta ánimo. Hay un objetivo que hay que tener presente y es que uno debe tener las ganas de querer impulsarse, de querer salir adelante, aunque esté muy complicado, aunque esté pasando por momentos difíciles.

Solamente es poner energía, sentir ganas, asentar una actitud que te permita que, cuando vengan esos pensamientos negativos, puedas contrarrestarlos con tu energía positiva, con tus ganas, con tus objetivos y con toda la fuerza que le puedas otorgar a cada acción que hagas.

Ten presente que la vida es aquí y ahora. No permitas que los pensamientos negativos sobrepasen tu energía. Esa energía está primero y es el motor principal para lograr lo que tú quieras en la vida.

Compromiso

Comprométete a hacer pequeños cambios todos los días y a la vuelta de unos años verás los resultados.

Los grandes logros llevan tiempo. Sean pacientes.

Hablar con personas idóneas ahorrará mucho tiempo y muchos recursos.

Evite a los teóricos que no son capaces de ir acompañados por alguien con experiencia en el tema.

Evite las presentaciones aburridas que solo terminarán confundiéndolo más acerca de las ventajas y desventajas de los acontecimientos y situaciones.

Exija ejemplos que se adapten a sus necesidades.

Nuestra profesión u oficio nos permite, durante un rato, imaginar el futuro, pero convénzase de que vivimos en el HOY. Debemos entender qué podemos hacer HOY. Sí nos sirve que nos hablen del futuro, pero no durante mucho tiempo tampoco. Hay muchos libros que tratan mejor el tema del futuro que la reunión que estas sosteniendo. Comprométete con el proyecto.

El mejor ejemplo, si quiere entender un requerimiento, es preguntar ¿cuál es la necesidad real? ¿y para que lo necesitan?

Si delante de Ud. encuentra colaboradores y clientes con experiencia, con conocimiento, y con muchas ganas de explicarle un problema o una solución, aprovéchelos, escúchelos. Es la base del compromiso.

Confianza

Debemos tener confianza en nosotros mismos, considerando que, si las cosas no salen como tú las querías, volverás a intentarlo.

La confianza es una caja de herramientas de valor incalculable.

La confianza se genera principalmente conversando con las personas que están a tu alrededor, también principalmente las que están constantemente cooperando con vuestros emprendimientos, y lo más fundamental es explicarles para donde deben enfocarse en vuestro negocio, dándoles a conocer lo que está haciendo la empresa y a dónde se necesita llegar, es decir, el objetivo. Entonces cuando uno involucra a las personas, ellos automáticamente empiezan a tener un poco de cercanía con uno, confianza. Esa cercanía hace que uno mismo le pueda indicar, si se está atrasado, que necesita la cooperación de las personas. Ahí se genera una oportunidad para las personas para demostrar confianza y compromiso.

Confianza, comunicación y compromiso forman así un triángulo que hace sinergia transformándose en un círculo, y este, a su vez se vuelve beneficioso, para todo aquel que utilice la fórmula.

Creencias

*Tienes que buscar la forma de aniquilar
las creencias negativas.*

"Soy así", "a mí me lo enseñaron así", "siempre se hizo así", etc., son todas frases y creencias negativas. Vemos una niña y un niño y nos referimos al varón como el más fuerte. No debemos tener creencias limitantes. Todos nuestros pensamientos deben ser posibilitantes.

Quiero agregarles algo. Generalmente escuché de la gente que quien tuviera una buena idea podría lograr mucho éxito. Permítanme disentir. No es necesario una buena idea. **Es necesario saber trabajar las ideas.** Las ideas existen de a miles, pero solo unos pocos las saben bajar a tierra. Resumiendo, no pasa por tener una idea, pasa por crear las condiciones para hacerlas realidad.

También es importante tener en cuenta que cuando te limitas, no dejas que tu cerebro se expanda a buscar alternativas de soluciones.

Cuando trabajamos convencidos de que la idea que tenemos es la mejor, aunque no logres concretarla, lograrás entender en qué fallaste. Eso será tu gran aprendizaje para poder mejorar y volver a intentarlo hasta que llegues a encontrar la solución   definitiva.

Determinación

*Si pensamos que las cosas serán fáciles,
se podrán difíciles... pero si actuamos
convencidos que lo vamos a lograr esto
sin dudas será así.*

La determinación o autoconvencimiento que podremos lograr algo nos da una energía extra. A veces son pequeños empujones de confianza, y muchas veces son el antídoto al fracaso. La determinación es no rendirse. Es tener claro lo que tengas que hacer y hacerlo, encontrando siempre la forma de no rendirte y llegar hasta el final.

La determinación tiene que estar aun sabiendo que no va a ser fácil, que uno se va a encontrar con muchos obstáculos, problemas y hasta caídas. Pero es la convicción y el compromiso de no rendirte lo que hace tu determinación de que realmente vas a lograr tu objetivo.

No es lo mismo que la certeza, pues la certeza está relacionada con la organización, es estar bien organizado, por ejemplo, decir lo voy a hacer en dos días, dos meses o lo que sea, y organizar los recursos para ello.

En una oportunidad estábamos realizando un proyecto que se veía poco rentable y por esas cosas de la vida dijimos "vamos a terminar el proyecto". Y mientras tanto, estábamos trabajando para una empresa internacional con un proyecto de mucho volumen, pero bajo precio. El trabajo se llevó adelante perfectamente bien.

En base a esto, vino un cliente que conocía los trabajos que habíamos hecho y se dio cuenta que la empresa que ellos contrataron no era la que ejecutaba el trabajo, sino nosotros. Ese proyecto no nos rindió margen de ganancia importante pues trabajamos como subcontrato, sin embargo, fuimos los que fabricamos el proyecto. Y la empresa que se llevó la utilidad fue la que vendió el proyecto.

También te puedes transformar en una empresa revendedora, sobre todo para las empresas grandes, esto genera grandes resultados si tus servicios son eficientes. Hoy las empresas grandes necesitan tener proveedores de servicio que las puedan ayudar a resolver sus requerimientos o necesidades en el menor tiempo posible.

Luego de dos años el cliente final nos vino a buscar directamente a nosotros para un trabajo importante. Nos solicitó una cotización directamente a nosotros y también a nuestro excliente que finalmente era el intermediario. Para ese trabajo nosotros ofertamos en 2 millones de dólares y la duración propuesta del proyecto fueron 7 días de trabajo, mientras que la competencia, que era el intermediario para el cual nosotros le habíamos realizado otros proyectos similares anteriormente, hizo una oferta de 2,5 millones de dólares y el período de trabajo de 45 días. Ganamos la licitación, hicimos el trabajo impecablemente, y fortalecimos nuestra reputación.

Para nosotros fue una tremenda ganancia de credibilidad, y eso generó tener un cliente nuevo, que aún hoy sigue confiando en nuestro compromiso con los objetivos.

Disciplina

La disciplina es el desarrollo constante de una mejor versión de tu persona. Ten presente que la disciplina en los emprendimientos es la fortaleza para pasar al nivel que quieres lograr.

Ser disciplinado es entender que todos tenemos las mismas 24 horas para hacer una actividad, y que el uso de esas horas, con organización y disciplina, nos hacen transformar esas 24 horas en metas productivas.

Para las sucesivas reuniones con los clientes prepárese. Estudie sus preguntas con detenimiento antes de hacerlas. Estudie las personas que asisten.

Las personas efectivas son aquellas que son las responsables en desenmascarar la cadena de contradicciones de un proyecto. Son las que tienen la responsabilidad de llevar a cabo en tiempo y forma los compromisos.

Trate de entender sus gestos, sus explicaciones. Pregúnteles a los clientes cuáles han sido los factores críticos de éxito que han tenido en el pasado, y cuáles son los aciertos y los errores más comunes. Todo el mundo tiene aciertos y errores. Aprenda de ellos.

No confíe solamente en complejas planillas de cálculo, visite el terreno, hable con el personal quienes, de acuerdo con sus experiencias, te aportarán mucho más, entienda lo que la gente sabe, necesita y siente.

Recuerdo una anécdota en la cual un colaborador estaba asustado. El proyecto era importante y el cliente estaba entusiasmado. Estaba la mesa de reuniones preparada, todo estaba planificado hacía días. Iba a ser el corolario de una gran negociación. No sé si grande para todos, pero para el cliente y para él, sí lo era. De esa venta dependía aquello que anhelaba. Para el cliente también era importante. Significaba un ligero avance en la obra.

Llegó el momento de la reunión, estaba presente gente del sector financiero de ambas empresas, estaba todo listo para la negociación.

Comenzó la reunión, pero algo no funcionaba.

El cliente estaba incómodo, aun viendo la información del alcance y las grandes ventajas que representaba el esfuerzo, algo no ocurría.

Por fin sucedió. Terminó la primera hora en donde se habló del alcance. Llegó la segunda parte, venía el desafío: la negociación.

El cliente comenzó a manifestar malestar, no le gustaba nada, ni esto ni lo otro, inclusive cuando se le ofreció un descuento especial, el cliente no lo podía escuchar. Seguía interesado, pero estaba enojado.

Rápidamente, para salvar el honor, se quedó a una segunda reunión para establecer el marco del acuerdo. Pero el cliente siempre estuvo un poco extraño. Tiempo más tarde él mismo contó que la esposa le preguntó en la noche: "*Querido, ¿cómo te fue hoy?*", y su respuesta fue tan lamentable como su queja "*Querida, no sabes lo horrible que me sentí. Durante una hora tuve que escuchar un montón de temas que beneficiarían a mi empresa, pero como no sabía el precio, no pude hacer las preguntas que me interesaban. Solamente estuve preocupado por el precio. Los accionistas de la empresa habían sido muy explícitos conmigo. Si no conseguía un buen precio, tenía que solicitar algunos elementos más en la negociación. El vendedor me tuvo una hora al borde del infarto, y recién cuando me dijo el precio no me dio la oportunidad de hacer preguntas sobre el alcance de la solución, pues iba a quedar como comenzando mis preguntas luego de una hora. Espero tener la oportunidad en la segunda reunión de establecer mi criterio en la negociación. Mejor me voy a dormir, mañana será otro día*".

De esta experiencia aprendí la importancia de explicar el marco de precios desde el primer momento. Esto ayuda en la negociación, pues pone un horizonte de trabajo. No avance con un cliente si no están de acuerdo en un marco de precios.

Entonces diga el precio al principio de la reunión. Esto lo ayudará a que la reunión sea más llevadera y productiva. Sabiendo el precio, las reuniones se hacen más interesantes, hay más preguntas, hay más confianza, y hay más empatía.

Además, siempre considere que la mejor negociación es una en la que ambos ganan, muchas veces tú puedes tener un valor elevado, pero si eres capaz de cumplirle al cliente con sus propias necesidades, él no te podrá resistencia para aceptar tu oferta. Por una sencilla razón, que el estará confiado que tú cumplirás con tus compromisos.

Liderazgo

Tú eres el capitán que guía tu vida y
tus pensamientos.

Rige tu destino, no dejes que otros lo hagan por ti.

Liderazgo es, en pocas y simples palabras, tener la capacidad de acercamiento a las personas. Ese liderazgo se crea básicamente con una comunicación directa, clara y honesta que hace que puedas unir a la gente dándoles el mensaje que tú quieras y de esa forma esas personas te van a entender.

Un buen liderazgo requiere transmitir las ideas y las acciones desde el corazón, utilizando términos simples, reales y concretos. Ese liderazgo se vuelve muy efectivo pues es un liderazgo con base en la honestidad. Al transmitir desde el corazón, las personas se abren y se expanden para seguir tus ideas, tus consejos, tu propuesta, tus estrategias, tú visión, y tus ejemplos.

Considera siempre que el líder debe ser la persona que da el ejemplo. No le puedes fallar a las personas porque perderás su credibilidad. Y esto es muy parecido a una relación de pareja, si pierdes la confianza, por más que intentes volver a recuperarla, la relación no volverá a ser la misma. Preocúpate de transmitir confianza,

seriedad y sinceridad, y actúa como un verdadero
líder.

Optimismo

Debemos tener una actitud de optimismo para enfrentar los problemas que se nos presentan en la vida.

Sin lugar a duda la lección número 1 que recomiendo es tener mentalidad positiva. Nos ayudará a encontrar los "cómo" para resolver cualquier situación, por más compleja que sea que tengamos que resolver en la vida.

Busque personas que valoren el conocimiento propio y también el ajeno, que sean tolerantes y flexibles, que les guste trabajar en equipo. No debemos rodearnos de personas que nos harán perder tiempo y dinero, y peor aún, no debemos rodearnos de personas que no son colaborativas, y que no les gusta escuchar a los demás, que solo quieren hablar ellas, ni tampoco están dispuestas a hacer cosas en conjunto o en equipo.

Lo positivo atrae lo positivo, lo negativo atrae lo negativo. Los conceptos de atracción han sido abarcados por numerosos libros que he leído, pero aquí les compartiré mi experiencia para rodearse de gente correcta.

No existen humanos perfectos, por lo cual es bueno entender cómo armar buenos equipos de trabajo, y para ello debemos trabajar de común acuerdo con las personas.

Pensar en sueños es pensar en grande. Poder llevarlos a la realidad es un proceso constante que nunca termina, es por esa razón que las personas exitosas están constantemente buscando formas de seguir aumentado su éxito.

Con este ejemplo que voy a graficar, quiero que ustedes no cometan mi mismo error. He tenido la posibilidad, no sé si fue fortuna, de encontrarme con personas que les ha llegado el éxito en sus emprendimientos, y han creído que sus vidas habían llegado al máximo y que nada ni nadie podía detenerlos. Entonces se pusieron a gastar su dinero, equívocamente, primero pensado en satisfacer los deseos personales a través de lujos y cosas que no representan un valor agregado a sus necesidades. Por ejemplo, alquilan una casa cara, y como no les alcanza para cubrir sus grandes costos, viven endeudados, y aparentan muchas veces lo que no son. Hay que tener presente que muchos libros y audiolibros nos enseñan que tenemos que ser y parecer. Nunca dicen que debas endeudarte, sino que debes buscar formas para poder concretar lo que tus estas pretendiendo hacer.

Mi experiencia de cuando comenzaron a crecer mis ingresos fue la siguiente: yo vivía en un pequeño departamento de 42 metros cuadrados con mi familia, y alquilaba un pequeño galpón donde fabricaba todas las piezas que componían un proyecto. Seguí así mucho tiempo hasta que ya no cabía nada más en aquel pequeño galpón. Lo que hice fue alquilar otro mucho más grande, que solamente tenía pequeños módulos, había sido un taller mecánico automotriz, y tenía una pequeña parte construida, y lo demás era un socavón que tenía más de 2 metros de profundidad. Recuerdo en aquel entonces que, dentro del socavón que tenía más de 2000 metros cuadrados, había árboles frutales como paltas (o huacamoles como otras personas podrían conocer), nueces, higos, uvas, en fin, tenía una serie de frutas.

Cuando encontré ese terreno, no sabía que estaba a punto de ser rematado por el Banco. Cuando me enteré comencé a hacer la gestión para poder participar del remate. Sabía y estaba convencido de que no podía perder ese terreno por una simple razón, la vez que había hecho un cambio de locación me costó 2 semanas mover todas las máquinas, herramientas, y equipos que había adquirido, y que eran necesarias para realizar los proyectos encomendados. Llegó el día del remate y había tan solo 2 oferentes, el propio Banco que lo tenía hipotecado y yo, que tenía que obtener el terreno. Después de una serie de ofertas y contraofertas y luego de 2 horas de negociaciones, el juez encargado del remate me lo adjudicó a mí. En esos momentos sentí mucha alegría, y comencé a soñar de forma automática. Inicié haciendo un galpón grande, oficinas, compré maquinas, equipos, herramientas, y todo lo necesario para que no le faltará nada a esa instalación que sería el primer cimiento de mi gran sueño.

Mientras tanto, yo y mi familia seguimos viviendo en aquel pequeño departamento por varios años, hasta había crecido la familia, y yo todavía estaba convencido que no podía hacer ningún gasto personal hasta que cumpliera con todo lo necesario para el buen funcionamiento de la empresa.

Finalmente llegó el momento en el cual ya sí podía hacer una inversión familiar. Comencé comprando un terreno, después contraté los arquitectos, y ellos comenzaron a trabajar en el futuro proyecto familiar el cual llevó 2 años construir.

Una vez realizado el proyecto personal en el año 2006 comencé nuevamente a pensar en mi gran proyecto industrial.

Comencé a pensar en el ¿CÓMO comenzaba con mi proyecto industrial? Y repetí algo muy parecido a lo que había hecho con mi proyecto familiar, lo único que aquí cambian los protagonistas. Comencé primero ubicando un terreno estratégico que me permitiera tener el acceso a la principal carretera, que te llevaba al norte y a sur del país. Luego de haber encontrado el terreno, comenzó el proceso de permisos ambientales, y comenzar con los arquitectos e ingenieros civiles a realizar el proyecto en papel. Una vez que tuve hecho el proyecto en papel, comencé a llevar acabo mi plan de construcción que tardó cerca de 3 años. ¿Por qué tardó tanto?

Por una sencilla razón, fui construyéndolo por partes mientras desarrollaba los proyectos en un galpón que habíamos construido de forma provisoria con contenedores. Tan pronto como terminamos la primera mitad del galpón nos trasladamos, y seguimos con el plan de construcción.

Mientras tanto, el otro galpón seguía destinado para hacer proyectos más pequeños, siempre se mantuvo para hacer cosas muy especiales. Y ahora estoy pensando en CÓMO armo la Academia de Especialistas que tengo pensado contribuir para ayudar a tantos jóvenes que no tienen los recursos para certificarse

El gran proyecto industrial lo terminé a fines del año 2010, y es un proyecto bonito porque tiene la particularidad de seguir expandiéndose.

En capítulos anteriores mencioné que había tenido grandes fracasos y caídas, y por esa misma razón cambié la estrategia y comencé a centrar más la atención en atender a los clientes en sus propias instalaciones. Esto es independiente, seguimos funcionando en el proyecto industrial.

Este consejo tómalo desde la experiencia que enseña la vida. Siempre cuando tengas un fracaso o caída, cambia tu estrategia de forma automática. Y no comiences a pensar antes en el fracaso o las caídas, porque conseguirás que ellas lleguen a ti. Por esta misma razón trabaja en el presente y sueña con el futuro. Solamente ten en mente que tus sueños comienzan cuando tú empiezas a hacer pequeños cambios que se van gestando a raíz de las cosas que haces, que son las que te acercan a tus sueños todos los días un poquito más.

Otro consejo que, a mí en lo personal, me ha sido de mucha ayuda, es que no le comentes tus sueños a personas que no vibren en la misma sintonía que tú. También he cometido ese error. Siempre aparecen las personas que luego dicen "¿y por qué no me habías dicho que estabas haciendo esto o aquello?"

No dejes que arruinen tus sueños, encárgate de hacerlos primero para que después las personas envidiosas solamente te puedan dar Feedback. Tómalo como una oportunidad de crecimiento personal.

Pasión

Tienes que apasionarte por lo que haces
y eso marcará la diferencia.

La pasión es el combustible de nuestra razón y nuestro corazón. Con pasión es más fácil avanzar. La pasión es un tema fundamental a la hora de emprender. Sin pasión no se avanza, sin pasión uno se queda estancado. Sin pasión no vas a poder pararte luego de un fracaso, o después de una caída, la que siempre sucede en algún momento y medida. Tenemos que considerar que, si tú estás comprometido con tu emprendimiento, pero no le pones pasión a lo que haces, ten por seguro que es el inicio del fracaso y la caída. El coraje para hacer todo lo que tú quieras hacer en la vida estará determinado por tus acciones y tus decisiones, por tus determinaciones.

Si no puedes demostrar esa pasión o no puedes encontrarla, o estás paralizado por los miedos internos, la respuesta es simple: enfócate en tu objetivo de vida, así lograras salir de cualquier miedo interno que puedas tener. Si tu real objetivo en la vida es lo que estás haciendo, vas a tener que lidiar con toda una serie de obstáculos y complicaciones; pero si estás bien enfocado, no te darás cuenta cuando saltes las tormentas. Si te aburre lo que estás haciendo, entonces no estás conectado a tu propósito de vida.

Tengo muchos momentos de pasión en mi vida de empresario, y eso mismo ha sido una gran ayuda para   pararme después de las caídas y seguir con mis emprendimientos y no dejar de pensar en mi objetivo.

Este ejemplo me pasó en el año 2015. Resulta que se nos cayó un proyecto grande, y durante todo el año solventamos el término del proyecto hasta abril del 2016. Claramente esto se llama ser una empresa responsable con sus compromisos. Las consecuencias las empecé a notar en mayo del año 2016 cuando caían y caían los cheques y el flujo de ingresos no alcanzaba para seguir cubriendo todos los compromisos. A esta situación se la llama estar técnicamente quebrado.

Recuerdo que estábamos con las personas de contabilidad y finanzas en la oficina, planificando y buscando el CÓMO podíamos hacer para seguir cubriendo todos los compromisos, y por arte de magia ya no sonaba el teléfono. Yo le comento a las personas que estaban en ese momento conmigo que un cliente acababa de llamar a mi teléfono móvil para decirme que estaba llamando a la empresa para solicitar un requerimiento pero que nadie lo atendía. De inmediato le respondí que les pediría a las personas del departamento de estudio y desarrollo de propuestas, que le devolvieran el llamado. Sorpresa, nos habían cortado el teléfono. Imagínate llegar al punto de que te corten el teléfono. Vaya desilusión, en esos momentos me sentí sin fuerza, pero igual tomé mi vehículo y me fui a Santiago a pagar esa cuenta. No se la quise encargar a nadie, por la sencilla razón que la empresa no tenía en su cuenta 2000 dólares para pagar la cuenta de teléfono en el tiempo que correspondía. Una vez que llegué a Santiago caminé hasta donde había que pagar, pero, pruebas que te pone la vida, ese no era el lugar donde tenía que pagar porque habíamos sobrepasado los días permitidos de vencimiento. No me desanimé y seguí caminando hasta que llegué a las oficinas donde definitivamente se podía pagar. Recuerdo que estuve esperando en una fila más de dos horas. Pensaba, "estas son pruebas", y me lo repetía y me lo repetía internamente.

De vuelta en la oficina luego de haber pagado la cuenta de teléfono, ya no quedaba nadie allí. Pasé a mi oficina, me senté, y me quedé pensando en todo lo que se venía, y dije de una vez, "aquí me templaré de valentía y coraje, y prometo que esta será mi gran prueba de graduación, donde pondré todos mis ahorros personales a disposición de la empresa, y no dejaré que se muera la empresa". Definitivamente esa era una determinación. Hay una frase que se ha hecho famosa del libro *Piense y Hágase Rico* de Napoleón Hill que dice; "quemaré todas las naves, y no tendré opción, o vivo o muero".

Otra persona podría haber dicho: "y bueno, que pase lo que pase". Uno debe liderar en forma completa lo que uno está haciendo, y ese compromiso te lleva a involucrarte personalmente, con todo tu cuerpo, con tus sueños, tus sentimientos, tu dinero, pones todos tus recursos sin pensar que lo puedes perder todo, esto es determinación, pasión, fuerza interior, coraje, y valentía.

No espero que no tengas fracasos, desilusiones, caídas, y cualquier obstáculo que se te pueda presentar en la vida. Quiero puedas conectarte con mi experiencia, y que te pueda servir para salir de cualquier situación por muy difícil y compleja que pueda ser. Cuando uno tiene pasión, se involucra. La pasión es un compromiso real. Debes vivir apasionado, tanto para los momentos en que puedas tener problemas, como para los momentos de festejar los grandes logros. La pasión es el combustible y la energía interna que nos moviliza. Si el compromiso es real al objetivo, llena todo tu cuerpo con pasión.

Pensamientos Positivos

Tenemos que centrar nuestros
pensamientos en lo que queremos.

Imaginar nuestros sueños y anhelos nos determina el camino. El pensamiento positivo es el que transforma un problema en un desafío.

Si estas con mucho ánimo en tu emprendimiento, y por esas cosas de la vida las cosas no van bien, no te pido que no te desanimes por los obstáculos, ya que muchas veces puede ocurrir que no te sientas bien. Pero si estás dispuesto a desafiarte a ti mismo, deberás tener la sabiduría y la tranquilidad para pensar cómo salir de los desánimos que presentan los emprendimientos.

Años atrás, en el 2003, recuerdo cuando el negocio había emprendido y tenía 100 trabajadores. Yo hacía todo todavía en aquellos tiempos, hasta pagaba las nóminas quincenales en forma personal. En uno de esos pagos recuerdo que daba incentivos por el cumplimiento de metas. Comencé a pasarles el dinero a cada uno de los trabajadores, y les preguntaba si estaba bien su acuerdo y pago, y ellos felices respondían que estaba super bien. Y yo feliz de verlos a ellos. Después de terminar el pago todo cuadró perfectamente. Sin embargo, yo pagué y me quedé sin dinero, porque los compromisos están primero que todo.

Los problemas que tengas, con el tiempo se transformarán en aprendizaje y te fortalecerán.

Postura

*Siempre tenemos que estar con una
postura activa y llena de energía.*

La postura es nuestra forma de expresar. Una buena postura incrementa la probabilidad de éxito porque nos da objetividad.

Ser objetivo es ser honesto en nuestras palabras y responsables en nuestro compromiso. Ser objetivos nos permite establecer una comunicación más profunda, más respetuosa.

Es importante también estar consciente de la importancia de la voz. Cuando efectuamos una pregunta, podemos observar la seguridad y la confianza de la persona que tenemos delante, pero no nos dejemos engañar. Muchas veces las personas hacen que toman un compromiso, y después terminan desentendiéndose, y argumentan con puras excusas.

Cuando necesitamos información, tiene que ser congruente, verdadera y objetiva. Necesitamos entender las causas y motivaciones para efectuar un cambio de mentalidad y eso nos dará un crecimiento a nuestras soluciones empresariales.

Resiliencia

*La perseverancia es el camino que debes
seguir para no doblegarte ante las
situaciones adversas que ocurren en la
vida.
Somos hijos del rigor y necesitamos
tener mucho ánimo y mucha energía
para no dejarnos caer cuando nos pasa
algo complejo en la vida.*

La resiliencia es la capacidad de sobreponerse a algo que a la mayoría de las personas directamente la hace caer y abandonar sus sueños.

Es importante ser resiliente porque, sí o sí, vamos a encontrarnos con muchos obstáculos en la vida y también tendremos caídas.

Los obstáculos son situaciones relativamente fáciles de sobrellevar, pero las caídas son un poco más difíciles. Muchas veces cuando nos caemos podemos querer quedarnos llorando y pensamos que el problema se va a resolver solo, de una u otra manera, y no salimos a buscar soluciones. Pensamos que perdimos y ya.

Pero un emprendedor de sangre sabe que debe levantarse y seguir luchando, encontrando las mejores soluciones. Cuando caigas debes pensar que no es importante lo que te pasa en el momento sino lo que vas a lograr al final del camino. Son etapas del proceso, aunque sean duras.

En definitiva, la resiliencia es la que conecta un final con un principio, porque, aunque caigas te levantas, pues tienes un objetivo impreso en tu corazón que quieres cumplir.

Debemos siempre ser dueños de nuestras decisiones, y estar atentos a que sea nuestra actitud la que determine nuestro futuro.

Visión

Debemos tener la claridad de que todos los negocios comienzan pequeños; pero tenemos que estar convencidos de que los vamos a hacer crecer hasta ser grandes.
La visión es la que nos permite imaginar un proyecto terminado antes de comenzarlo.

Sueñe con aprender nuevas técnicas, y desarrollos de nuevos métodos, certifíquese, cree marcas, patente ideas.

Aléjese de palabras difíciles. Es clave para el crecimiento que los empresarios exporten.

Gestione Activos a largo plazo. Las metodologías son patentables.

Piense en activos que son perdurables en el tiempo. Un buen ejemplo de estos modelos es la administración de Activos e Inmuebles. Entonces arme una empresa para gestionar este capital. Todo el mundo sabe que, si uno tiene un poco de dinero, una buena inversión para que el dinero no desaparezca es comprar terrenos, pero... ¿son rentables? a veces no.

Para que un terreno sea rentable, debemos cuidar la propiedad, cobrar por el alquiler y también cobrar comisión. ¿Cómo es posible cobrar por ambos lados? Un ejemplo es la historia de McDonald's.

Sea sustentable. Ser sustentable significa que su rentabilidad dure en el tiempo, pero también que lo sea nuestra comunidad. Ayudemos a nuestra comunidad a no ensuciar y cuidar lo que nos rodea con el ejemplo. Eso es ser sustentable. Se trata de pensar para ahorrar electricidad, se trata de autogenerar la energía que se necesita. En pocas palabras, se trata de dar cañas de pescar, no pescado.

¿Por qué armar una lista de sueños? Pues la buena energía genera buena energía. Además, cuando tú lo escribes de forma consciente, y te duermes pensando en tus sueños, podrías despertar con algunas ideas diferentes. Esto es muy simple, la mente desarrolla tus ideas de forma inconsciente mientras duermes, trabajas, o haces lo que haces, es así de simple.

Y para ganar, en lo que sea, se necesita buena energía. ¿Qué es la buena energía? Es la buena predisposición a querer seguir pensando y comprometerse en cuerpo y alma a soñar con nuestros proyectos para nuestros emprendimientos empresas y nuestras familias.

Cuando te pongas en camino a pensar cómo puedes lograr algún sueño, siempre hazlo pensando de forma consciente, y escríbelo de inmediato. Comienza a pensar durante una hora este sueño, y hazlo por 3 días. Ocurrirá que te quedará grabado de forma inconsciente en tu mente, y el resultado será que tu cerebro te enviará señales de dónde puede ver y conseguir oportunidades para realizar tus sueños. Hazles caso a esas señales, porque muchas veces hay personas que dicen "tengo una idea dando vueltas en mi cabeza". Así comienza a funcionar tu mente cuando haces estos ejercicios. Te aseguro sin ninguna duda que, si lo haces con fe y perseverancia, vas a tener resultados. Y no le temas a las críticas, témele a tu desánimo, porque eso sí te baja la energía.

Clientes

Sin duda, el cliente es el principal foco de
atención de cualquier empresa proveedora de
productos o servicios, puesto que todos los planes y
las estrategias de marketing deben enfocarse,
desarrollarse e implementarse en función del
cliente.

Empatía

Busca la forma de empatizar con tus clientes.

Empatía es entender lo que sabe el otro, lo que siente el otro, y lo que necesita el otro.

Es necesario demostrar que tú, con tu empatía, vas a hacer que tu cliente se contagie de tu forma de ser. Eso produce que los negocios se cierren, porque le diste confianza a tu cliente. Debemos estudiar las necesidades que tienen los clientes, y buscar la forma de lograr ayudarlos. Si lo logras, tendrás un cliente fidelizado con tu empresa de productos o servicios.

Los grandes negocios se han consagrado porque una persona fue capaz de satisfacer las necesidades y requerimientos de los clientes.

Si estás dispuesto a posicionarte en el mercado, hazte diferente de tu competencia. Busca la forma de brindarle valor agregado a tus productos o servicios. Ten una obsesión por el cliente, que el vea que tú le puedes entregar un producto, o servicio, antes del tiempo considerado.

Haz que las personas que trabajan para ti piensen como tú, que actúen como tú, que tengan una verdadera obsesión por la atención al cliente.

Cuando muchas veces hablamos y decimos cómo tenemos que ser nosotros en el diario vivir, en lo primero que siempre hago énfasis es en que la empatía es la base fundamental para poder tener una buena comunicación con las personas, y también permite abrir un mundo de posibilidades que solamente se pueden lograr siendo empático.

Si eres una persona empática puedes cambiar el curso y el destino de una persona, solo haciendo pequeñas cosas como una sonrisa, unos buenos días, unas buenas tardes, buenas noches, qué gusto saludarlo, me gustaría que estuviese muy bien, le agradezco su simpatía, su colaboración. Claramente esos son algunos de los mensajes que uno debiera transmitir constantemente, para que el día pueda ser una puerta abierta al mundo de las posibilidades infinitas que pueden dar solamente con la empatía.

Recuerda que en el mundo en que vivimos, necesita personas con valores, eso requiere muchas veces que debemos mirar por esas personas que necesitan de nuestro apoyo. A veces con una pequeña ayuda logras sacar una sonrisa, y además empatizaste con el prójimo.

Corazón

*Es muy importante que, si le vas a dar
la oportunidad a tus colaboradores, que
sea de corazón.*

En la vida tenemos opciones, como empresarios, de darles la oportunidad a nuestros colaboradores para que puedan desarrollarse como personas y como profesionales. Esto por lo general genera más compromiso de parte de tus colaboradores por una simple razón, ellos entienden que lo que tú estás haciendo es directamente en beneficio de ellos mismos.

Muchos libros hablan de la necesidad de separar y anular nuestros sentimientos a la hora de evaluar temas corporativos.

Yo no puedo estar más en desacuerdo. Es justamente el corazón, el amor que tenemos por nuestra misión, no solo como empresarios sino como dueños y responsables de nuestro sueño, la que nos obliga a poner todo nuestro corazón en las tereas y objetivos.

En tiempos de crecimiento, volatilidad, posiciones encontradas (y a veces hasta irreconciliables), mi experiencia me reafirma en mi creencia absoluta de poner nuestro corazón a mandar. Es desde allí que nuestro mayor compromiso quedará expuesto y es desde allí

desde donde saldrá nuestra mayor fuerza de
voluntad y nuestros pensamientos más creativos.

Confianza

Solo con coraje se puede crecer. Y confiar requiere máximo coraje

Una vez me llamó un cliente y me pidió asesoría. Me preguntó si podía ayudarlo a pensar cómo podía revertir un proyecto que no estaba yendo bien, asignado a una empresa del mismo rubro, y que hasta ahora no sabían qué hacer para revertir el resultado.

Recuerdo que conversamos por teléfono una hora, le hice algunas preguntas, y después le recomendé que asignara más recursos humanos al proyecto. También le mencioné que tenían que asignarle más equipos y herramientas al proyecto. Pregunta el cliente "¿con esta cantidad que me estas mencionado, podremos salir en los 10 días?" Respondo "efectivamente, pero debes salir en turno de día y noche".

Podemos decir entonces que la confianza acorta tiempos, ya que no hay que "comprobar que lo que alguien nos está diciendo sea verdad", o seguir buscando otras opciones, sino que, cuando realmente confiamos, sabemos que lo que la persona de confianza nos dice es verdad.

Entonces podemos decir que la confianza se construye a través de las pequeñas cosas convertidas en realidad. ¿Cómo empiezan a

confiar en ti? Cuando tú has demostrado valor
con　　　　　　　　tu　　　　　　　　experiencia.

Valor

*Tenemos que cuidar a nuestros clientes,
y buscar la forma de darle valor
agregado a los productos y servicios que
estamos entregando.*

Nuestros clientes no deben recibir solo palabras. Es el valor que damos, mediante nuestras acciones en productos y servicios, lo que los ayuda a crecer.

Cuando estamos realizando cualquier actividad es necesario tener en cuenta que siempre nuestros clientes solicitarán mucho más. Sin embargo, es importante considerar que cuando el cliente necesita más de nuestros servicios, quiere decir que nosotros tenemos que darle la importancia real a las cosas que estamos haciendo y además buscar la forma que nos pueda distinguir de la competencia.

Por esta misma razón siempre tienes que estar atento a lo que necesita tu cliente, preguntar cuáles son las necesidades, pregúntate tú mismo qué servicio le podría dar más valor para que él vea que tu interés es real y verdadero, qué beneficios extra tienes para hacer más rentables y rápidas sus actividades sin perjudicar el costo del servicio, y estar pensando en forma constante en innovación.

Innovación es algo que los clientes buscan porque saben que dependen de las mejoras que hagan a sus productos y servicios, o de la creación de nuevos productos y servicios, para ellos ser competitivos.

Hoy en día, para ser un proveedor competente y competitivo, debes tener la capacidad de brindar algo diferente. Cuando digo brindar algo diferente quiero decir que nosotros tenemos que tomar la iniciativa, en todos los productos o servicios que estemos prestando, y tener la disposición para poder llegar a nuestros clientes y conversar en el momento oportuno para que los líderes de las empresas puedan tener la capacidad de captar lo que nosotros estamos ofreciendo.

Ten presente que cuando hablamos de valor agregado podemos brindarlo en todo lo que hacemos. El valor agregado va más allá de entregar solamente un producto, va más allá de entregar un buen servicio, va más allá de hacer una venta, va más allá de un buen desempeño en todas las actividades que estamos realizando. Valor agregado es la diferencia que el cliente ni siquiera tenía considerada, y para ellos ese valor agregado pasa ser una sorpresa sobre lo que nosotros estamos entregando.

Colaboradores

Son las personas que te apoyan para llevar a cabo una tarea, un proyecto, o un servicios, y que están dispuestas a comprometerse para que todo lo que se haya planificado salga como se tenía considerado.

Comunicaciones

Siempre tenemos que decirles a nuestros colaboradores que la comunicación es clave para obtener un buen resultado.

La comunicación es esencial para que todos tengan las mismas expectativas. Tenemos que considerar que la comunicación debe ser una actividad constante con las personas que están involucradas en el proceso de desarrollo de tus productos, o servicios de tu empresa.

Seguramente en las comunicaciones sea donde encontremos la mayor revolución: ha cambiado la forma de comunicarse de las personas con la inclusión del celular, el WhatsApp, y todas las tecnologías que hay hoy y que se crearán en el futuro.

El uso de un correcto lenguaje es un factor crítico de éxito en las comunicaciones; éstas deben ser honestas y claras en situaciones críticas, deben servir para entender lo que está pasando y no perder la confianza.

La falta de comunicación hace que las personas tengan su propia interpretación de la realidad. Y si no somos capaces de ayudarles a aclarar los puntos de vista que ellos tienen de la realidad, jamás tendremos una sola voz que sea la oficial.

Se debe poder validar si el mensaje que llegó a los colaboradores es el que se intentó trasmitir, te sorprenderá que muchas veces, cuando verificas lo que entendió la otra persona, no es lo que intentabas decirle. Cuando tienes que dirigirte a otras personas, es fundamental que todos entiendan lo mismo para que se aclare el punto de vista.

Empoderamiento

*Siempre tendrás que estar empoderando
a tus colaboradores para que ellos se
sientan importantes, y así puedas lograr
revertir los resultados sin presionar.*

Agradecerles a las personas, y decirles lo
importante que son para tu empresa es
fundamental para lograr que las personas estén
comprometidas y agradecidas. Y eso genera en
ellos una energía interna que los mueve solo a ir
en busca del resultado.

El empoderamiento siempre genera
resultados, podrían ser el cumplimento de la
fecha de entrega de una oferta técnico-
económica, menores tiempos de ejecución,
resultados económicos favorables, entre otras.
Empoderar a la gente logra que las personas que
están realizando alguna actividad lo hagan sin
poner inconvenientes.

No reconocer el apoyo que te están
brindando definitivamente hace que las personas
anden desmotivadas, y sin ánimo de querer
cumplir con sus tareas y compromisos. Se sienten
que no son escuchadas, y por lo general esto
termina siendo un mal resultado para la empresa,
y para su fundador.

Tenemos que entender definitivamente que
agradecer, y decir lo mucho que realmente

aprecias a las personas que están a tu lado colaborando en hacer tu sueño realidad genera empoderamiento de parte de ellos.

Escucha activa

Si quieres conseguir el aprecio de tus colaboradores, comienza por aprender a escuchar para que puedas darles una respuesta congruente.

La escucha activa en el ambiente empresarial es un capital muy importante y valioso. Escuchar a los colaboradores, como se explicó antes, es muy enriquecedor, pero también lo es escuchar a los clientes, a los proveedores, a los asociados.

Escuchar genera una retroalimentación que brinda información a la cual, de otra manera, uno no tendría acceso.

Por ejemplo, si escuchas atentamente a tus proveedores, ellos pueden ofrecerte algo que puede ayudarte a ti a mejorar tus procesos, mejorar la calidad de tus productos o servicios, mejorar tus precios, bajar tus costos, aumentar la durabilidad de tus productos, acortar los tiempos de ejecución de los mismos, o también ayudarte a crear nuevos servicios que antes no podías brindar, asistiendo a la diversificación de tu propuesta al tiempo que te permite ayudar a tus clientes con sus problemas y necesidades.

Involucrar

Siempre es importante pedirle la opinión e involucrar a los colaboradores en el negocio. Ellos te ayudarán porque se sentirán parte de la solución.

Ser parte de un equipo no es tener seguidores, es tener colaboradores.

Involucrar a tus colaboradores, solicitándoles su opinión, una idea, un consejo, una mirada distinta, hace que ellos tomen más protagonismo. Un ejemplo simple es cuando uno junta a las personas y quiere obtener de ellos una mejora, pregúntales a ellos mismos CÓMO podrían mejorar una situación. Ellos de inmediato te darán su punto de vista, y el resultado que vas a obtener será que tendrás que cambiar tu estrategia, e hiciste más robusto tu proyecto de mejora, por la sencilla razón de que fuiste capaz de obtener la opinión de tus colaboradores.

Todos los grandes logros que he tenido en la vida han sido el resultado del compromiso de todas las personas que han participado con una opinión y también con el gran esfuerzo que han puesto para que el proyecto funcione.

El enfoque que tú le quieras dar a tus decisiones debe ser integrador para que termine siendo   enriquecido.

Crecimiento

*Muchas veces pensamos en crecer, y lo primero
que se nos viene a nuestra mente es que el
crecimiento debe ser en lo económico. Sin embargo,
huy una razón bien lógica que es la siguiente;
primero crece en mente y alma, y después crecerán
tus finanzas.*

Lo económico y lo financiero

*Es más probable que una máquina
último modelo, pero con el motor roto,
te deje sin poder hacer un trabajo, que
lo haga una máquina vieja con su motor
impecable.*

Uso ese ejemplo para hacer una analogía con la empresa. El auto, la máquina último modelo es la estructura económica, y el motor es siempre la estructura financiera.

Lo económico en una empresa está representada por el resultado, ganar o perder, es decir el resultado del negocio, el hacer bien o mal nuestra labor, lo que hacemos y a quién se lo ofrecemos. Vender o no vender es lo económico, producir bienes o servicios, comprar y usar máquinas, los insumos, energía, materias primas, etc.

Lo financiero tiene que ver con lo que la empresa necesita para funcionar. No importa su tamaño, su actividad, su locación geográfica, la cantidad de socios, la cantidad de empleados. Las empresas necesitan elementos para funcionar.

Para tener estos elementos, se necesita obtener recursos, es decir dinero, financiación. Ese dinero puede ser propio (de la empresa, o de socios) o de terceros (bancos, proveedores, estado).

La estructura financiera de una empresa tiene dos partes: las inversiones y las fuentes de financiación.

Ambas son igualmente importantes para que el negocio fluya y crezca. Y ambas necesitan de mucha idoneidad y atención permanente para que los proyectos salgan bien.

El equilibrio financiero de una empresa necesita tener una coherencia y un equilibrio entre lo que invierte y las fuentes de financiación que utiliza. Cuanto más madura está la empresa y más planes de crecimiento tenga, mayor es su necesidad de recursos y de financiamiento.

Exportarse

Exportarse es crecer, y ese crecimiento es necesario cuando el mercado local está saturado o cuando hay mucha demanda de nuestro producto o servicio en el exterior.

Cuando uno emprende, primero nace como empresa, luego crece y luego, para seguir creciendo, una opción es exportarse. Mi recomendación para exportarse es, primero y fundamental, crear sinergia con un equipo muy cercano, que esté realmente comprometido con el objetivo que se ha fijado cumplir en esa decisión comercial de salir a abrirse camino en el exterior. Porque de lo contrario, las personas no van a llegar a lograr lo que quieres lograr, se generan muchos inconvenientes.

Un ejemplo de mi experiencia es cuando quisimos salir a exportar nuestros servicios, lo hicimos en Perú, estuvimos 2 años, y perdimos mucho dinero.

Primero es necesario entender que durante un determinado período de tiempo no se va a ganar dinero, sino que se va a invertir dinero. Por lo que, al principio, tiene que haber un dinero existente para destinar a este objetivo con un claro entendimiento del retorno de esa inversión, tanto en cantidad de tiempo como en cantidad de dinero. A lo mejor se puede tener dos años de "pérdida" que no lo es si se hacen las cosas bien. Pero lo será si se hacen las cosas mal. Es como la siembra y la cosecha, que sería el retorno de esa inversión, no va a venir el próximo año ni tal vez el otro o el otro. Es muy importante saber eso y contar con una planificación profesional y la estructura financiera adecuada para solventarlo.

Hay que invertir con compromiso.

Lo más importante al momento de exportarse es hacer hincapié en que se debe contar con personas que realmente compartan la misma visión que tiene uno, y las mismas ganas de que el proyecto salga adelante. Si no se comparten las mismas ganas, no se igualan los niveles de compromiso. De esta manera, el emprendedor puede tener todas las ganas, pero si tiene un equipo que no lo acompaña, por más que el emprendedor aporte los recursos, no va a funcionar.

Hay dos formas de exportarse. Una es armar uno su equipo y la otra es encontrar asociados afuera. Pero mi consejo es que, si uno tiene una persona cercana de su mesa chica de su propia empresa, que sea esa la persona que vaya y abra camino en el exterior y sea ella quien busque las otras personas que lo vayan a acompañar, la locación, los recursos, los proveedores, los clientes, etc.

Activos

Los activos de una empresa se dividen en tangibles e intangibles. Ambos crean el valor de la empresa.

Los activos tangibles de una empresa son aquellos que se pueden cuantificar con facilidad y que aparecen en los balances, terrenos, maquinarias, edificios, vehículos, etc. Se pueden ver y tocar. Todos ellos son necesarios e indispensables para el buen funcionamiento de la empresa. Si no tuviera en su inventario un activo tangible que necesite, podría alquilarlo.

Los activos intangibles son aquellos que no pueden verse ni tocarse. Lo son por ejemplo el conocimiento, el nombre o marca, su prestigio y su reputación, etc. No todos tienen valor. Solo lo tendrán aquellos que permitan a la empresa marcar una diferencia positiva en el servicio o producto que ofrecen.

La disposición de un cliente a pagar una diferencia extra por un servicio o producto es la prueba del valor positivo de nuestros valores intangibles.

Crecimiento Indirecto

Nuestro crecimiento ayudará a muchas personas de forma indirecta.

No miremos solamente los beneficios de una acción. Crecer empresarialmente acarrea mucho crecimiento espiritual, físico y económico de forma indirecta.

Utilice productivamente los tiempos ociosos.

Muchas personas viajan en transporte 45 minutos en la mañana, 45 minutos en la tarde noche. Esto son 180 minutos al día, son casi 360 horas al año. Casi 2 meses laborales al año. Podríamos escuchar libros con los auriculares de nuestro teléfono. Desde novelas para desconectarse un rato, hasta libros de gerenciamiento de negocios, aprender un idioma, escuchar entrevistas, puedes encontrar audio libros y charlas y videos sobre todo lo que desees. Hay miles de audios que nos pueden ayudar en nuestros proyectos, centenas de miles.

La clave es cómo quieres vivir tu vida, por esta misma razón puse un ejemplo muy sencillo, de cómo puedes aprovechar el tiempo de forma útil, y alimentar tu cerebro de información importante, que te permita estar constantemente en crecimiento.

Desafíos

Es simplemente buscar formas que te permitan ser una persona determinada en la vida.

Actitud

*Tenemos que entender que existe una
minoría de personas que no necesitan
pasar por obstáculos o crisis en la vida
para llegar al éxito. Sin embargo, la
mayoría de las personas, para alcanzar
el éxito, tienen que pasar por obstáculos
y crisis en la vida.*

Cuando se presentan desafíos, es sumamente importante conversar con las personas con una actitud positiva, de seguridad, y de absoluta convicción en lo que se hace y dice.

Por ejemplo, es muy importante informarles a las personas el grado de dificultad de los trabajos. Los proyectos en nuestro campo requieren de mucha disciplina, de mucho compromiso, y nos vamos a encontrar con muchos obstáculos que pueden ser un poco incómodos y complejos. Ahí se necesita que cada integrante de cada equipo tenga el compromiso tal con sus pares que genere una actitud de convencimiento de que lo van a lograr. Y esa actitud va a hacer que se puedan llegar a cumplir los resultados esperados.

Permítete decirte a ti mismo que es sumamente fundamental que cada vez que vayas a realizar cualquier actividad, por muy pequeña que sea, pienses que tu actitud es el compromiso de llevar a cabo una realidad. La actitud nos representa a nosotros mismos y a las situaciones.

Con una adecuada actitud y mediante visualizaciones que nos llevan a través del tiempo podremos ver cómo será nuestra vida, cómo seremos nosotros, cómo serán las personas que estarán a nuestro alrededor y también cómo serán las personas que un día tú vas a ayudar.

Recuerdo una oportunidad en que estaba muy estresado porque las cosas no estaban funcionando. Veía que la empresa se venía cayendo y no podía sostenerla porque la economía del país estaba compleja. Nosotros no teníamos los contratos suficientes para poder mantener toda la nómina que había en ese momento y además los costos básicos y costos fijos de operación estaban demasiados elevados. En un momento me sentí decaído, me dolía el cuerpo, además sin darme cuenta andaba con los hombros caídos, y una puntada en el pecho. Recuerdo que tome mi vehículo y lo llené de combustible, y me fui sin rumbo y sin escuchar nada, hasta apague mi teléfono móvil, y me desplacé muchos kilómetros. Cuando sentí hambre paré a comer en un restaurante y me senté. Estaba muy pensativo. Recuerdo preguntarme "¿por qué tengo que estar de esta forma si mi vida no es tan mala, si hay personas que verdaderamente están sufriendo en esta vida? Y el problema que yo tengo es parte del crecimiento propio del emprendimiento, o sea tengo que tomarlo como una bendición lo que me está pasando, y buscar las alternativas de salida".

Como recomendación, en momentos así, hay que tomarse un tiempo para recapacitar y poder hacer cambios que te sean útiles. Tienes que entender que no puedes darte la holgura ni siquiera un minuto para dejarte caer.

La vida es tan bella que no podemos desperdiciarla. Es por eso por lo que para mí fue fundamental esa palabra, ACTITUD. Llegó a mi vida cuando yo era pequeño, mi madre siempre me decía "hijo para ser alguien en la vida debes tener una buena actitud. Tú podrás lograr todo lo que tú desees en la vida y nunca te darán un NO como respuesta si tienes una buena actitud".

Y así era nomás mamá. Cuánta razón has tenido siempre.

Aprender

Tienes que aprender de los problemas que se presentan.

Problemas aparecerán siempre. Es muy importante tratar de evitarlos mediante buena planificación, y así la ejecución saldrá exitosa. Pero algunas veces, ya sea por imprevistos, cambios repentinos, o imponderables, los problemas suceden.

Mi experiencia me enseñó a ver cada problema como una oportunidad. Una oportunidad para crecer, utilizando la información obtenida en esos momentos para aprender.

De cada problema aprendí algo nuevo. Y capitalicé cada uno de esos aprendizajes para poder prever situaciones similares y poder tener la posibilidad de dar las recomendaciones antes que ocurran los problemas no previstos

Tenemos que pensar que muchas veces los problemas ocurren porque nosotros nos confiamos, y dejamos todo para después. La idea es que no debes dejar las cosas para otro día. Busca la forma de resolverlos ahora mismo. Mi experiencia dice que muchos de los consejos que te dan los libros y audio libros tienen mucha congruencia.

Anticiparse

*Si estás pensando con toda confianza
que todo lo que estás haciendo va bien,
siempre es importante revisar lo que
podría pasar si llegaran a cambiar las
cosas.*

Recuerdo que el año 2011 estábamos con muchos contratos, y dentro de ellos había uno muy especial que requería tener 300 personas permanentes para hacer mantenimiento a una planta de flotación de cobre, donde estábamos trabajando de lunes a viernes.

Por esas cosas de la vida siempre guardábamos las camionetas para ese contrato en nuestras instalaciones industriales. De pronto un vecino muy acomedido conversa con uno de los encargados de transporte, y le ofrece su propiedad para guardar dichas camionetas. Y al encargado le pareció una buena idea, ya que nuestro vecino estaba a menos de 30 metros de las oficinas centrales.

El día lunes, cuando tenían que salir dichas camionetas a las 6:00 AM a la obra, nos encontramos que a las 12 camionetas que habíamos dejado guardadas les habían sacado el todo el combustible, ni siquiera había para llegar a cargar combustible y salir a la obra.

Se tardó más de 2 horas en resolver el problema. Nuestro cliente estaba molesto por nuestro atraso. Lo más complejo de eso no fue solamente la sustracción del combustible, sino que no llegaron a tiempo nuestros líderes. El cliente tenia a las 300 personas sin poder hacer nada, por la compleja situación de que un cliente no puede darles órdenes directas a los trabajadores de las empresas colaboradoras.

La situación más compleja radicaba en que todos los clientes tienen compromisos, y sus tiempos están sumamente acotados. Ellos por el atraso nuestro tuvieron que retrasar la partida de aquellos equipos, lo que para ellos significó que tuvieran que darle explicaciones a toda su gerencia, y la gerencia a su directorio, y para nosotros fue un llamado de atención fuerte, por la sencilla razón de que el cliente no entiende razones cuando se trata de equipos críticos para la operación.

Espero que con esta experiencia puedas verificar cada detalle de tu negocio. Y si tu negocio es muy grande, tienes que hacer hincapié a tus colaboradores para que ellos verifiquen todos los detalles, que no se confíen de las personas que muchas veces pretenden mostrar buenas intenciones, y esto simplemente no es así. Y lo único que lograste con confiarte fue que perdiste la credibilidad de tu cliente, y perdiste la confianza en una persona.

Es por esta razón que necesitamos ser más cautelosos y comenzar a revisar y verificar, de forma más continua los procesos y los posibles problemas que se puedan presentar producto de tus compromisos.

Buscar la salida

Si estás complicado tienes que estar en un estado que te permita buscar la salida.

Los momentos de crisis requieren búsquedas creativas de soluciones. La creatividad, la flexibilidad y el pensamiento positivo son claves, al igual que el involucramiento de colaboradores y especialistas.

Para la búsqueda de una salida efectiva, la empresa debe mirarse profundamente a sí misma con una mirada aguda que permita la comprensión de la situación, en función de todas las aptitudes disponibles, y preguntarse qué soluciones es capaz de generar que puedan producir un cambio profundo a las complicaciones que tiene en esos momentos.

Cada persona de cada área tiene experiencias, capacidades y puntos de vista diferentes del problema, ya que cada uno lo ve y lo vive desde el impacto que le ocasiona a cada uno en su sector y su área de responsabilidad.

Es imprescindible mirar, no solo hacia adentro, sino también hacia afuera, a los problemas que pueden ocasionar más problemas si no se los resuelve con una mirada integradora de parte de todos los involucrados.

Concentrarse en las soluciones

No puedes centrar el foco en los problemas, debes centrar tu atención en las soluciones.

En mi experiencia, centrarse en los problemas es lo más absurdo que hay. Enfocarse en que todo salió mal, en quiénes son los culpables, cuánto fueron los costos de pérdidas, etc., no nos deja concentrarnos en las soluciones.

La importancia de centrarse en las soluciones es encontrar el camino más corto a poder resolver un montón de situaciones.

Muchas veces nos centramos en el problema, y cuando nos centramos en el problema terminamos encontrando más problemas. Pero cuando nos centramos en las soluciones vamos a encontrar soluciones.

Por ejemplo, si un presupuesto de una fabricación de una pieza especial estuvo mal hecho, y nos focalizamos en revisar cuáles fueron las causas, o el origen del error, nos encontraremos que no fue bien evaluado, que no hubo una buena planificación, que la estimación de tiempo no fue la más idónea, etc.

Ahora, vamos a ver cómo podemos revertir esta situación. Tenemos un presupuesto que está mal hecho. Primero veamos si tenemos holgura en los tiempos de ejecución, segundo estudiemos si podemos considerar traspasar el costo diario del trabajador a un valor por el resultado del trabajo terminado, tercero evaluemos todas las alternativas que tenemos para obtener mejores precios por la compra de los materiales. Por último, analicemos si alcanzó a cubrir todos los costos después de haber hecho todos los análisis.

Mi recomendación es enviarle una carta al cliente informándoles que hemos cometido un error en la cotización, y que ello afectara directamente a la empresa, y por último de forma indirecta a los trabajadores, lo cual genera un menoscabo para el desarrollo de la ejecución, tanto para el trabajador, como para la empresa.

Después de esta breve carta tenemos que esperar la respuesta. Si el cliente es consciente, te llamará para poder revisar la cotización. Si no quiere ser consciente te dirá que eso es problema tuyo, que él solicitó cotizaciones a muchas empresas y nosotros fuimos los adjudicados.

Por esta misma razón sigo siendo incisivo en que primero debes tomarte tu tiempo, revisar bien todos los factores que influyen para hacer cualquier tipo de cotización para algún trabajo o proyecto, planificar bien todas las actividades, revisar bien las cotizaciones por compra de materiales, revisar si puedes generar acuerdos por el resultado del trabajo con tus colaboradores. El resultado de todas las revisiones te llevará a que no cometas este tipo de errores, que pueden ser muy dolorosos si los asumes, sobre todo si estas empezando a emprender. Y recuerda, siempre en la medida que vas creciendo, tu nivel de error es cada vez más doloroso.

¿Cómo lograr los sueños?

Siempre podrás lograr cualquier cosa.
Solamente tenemos que pensar cómo
puedes hacerlo.

Ya dije infinidad de veces que preguntarse ¿Cómo? es la clave para emprender. Y es tan así que lo vuelvo a decir. Cuando ante un desafío, un problema, o una nueva situación yo me pregunto ¿Cómo debo afrontarlo? Yo tengo una estrategia que aquí se las comparto. Me ha dado siempre geniales resultados y es el día de hoy que la sigo usando y la enseño a todos mis colaboradores y muchas veces las usamos en nuestras reuniones de equipo. Primero hago una lista de los problemas, nuevos proyectos o desafíos. Y esa lista la completo con una cantidad de soluciones posible. Incluyo todas las que se me ocurren. Todas. No las evalúo en esa instancia. Simplemente dejo mi cerebro fluir. De esta manera voy explorando diferentes posibilidades.

Por ejemplo, si me pregunto ¿cómo logro hacer X? entonces genero una lista de 30 respuestas posibles, elijo las 3 que son más objetivamente posibles y elimino las otras 27. De esas 3 respuestas elaboró 3 respuestas más por cada respuesta, más detalladas. Entonces tengo las 3 respuestas iniciales más las 9 respuestas adicionales, esto suma la cantidad de 12 respuestas con mucho más detalle, más afinadas, más específicas. Recién ahí empiezo a analizar.

Me pregunto qué pasa si hago esta, que pasa si no hago esta, y así sigo con cada una de las 12 soluciones que pensé. Ahí tengo toda la información que necesito para llegar a la mejor solución o camino posible, y poder tomar la decisión más correcta.

Detalles

Hay que tener en cuenta que siempre uno tiene que estar revisando los procesos y los estados de las cosas si se quiere que las cosas salgan bien.

Es muy importante que las cosas que hagamos las hagamos siempre pensando en hacerlas lo mejor posible. Sí, es muy importante que confíes en tus instintos, pero esos instintos debes tenerlos bien alineados y entrenados, bien definidos, pues que la vida está compuesta de muchas pequeñas situaciones.

Cuando se entra en un proyecto se debe tener en cuenta aspectos muy importantes, como estrategias, objetivos, tácticas, y estar afianzado en aptitudes como la anticipación, revisión, visión, etc.

Todo eso es como un rompecabezas de pequeñas piezas que marcan la diferencia en tu vida si tú quieres ser un emprendedor enfocado en dar un buen servicio o producto.

Es muy importante hacer las cosas lo mejor posible, siempre. No solamente las grandes cosas sino también las pequeñas cosas.

Y las pequeñas cosas, las "finas", son justamente los detalles. Los detalles son los que realmente marcan la diferencia en todo lo que tú te propongas hacer.

Recuerda que cuando uno emprende creando o haciendo crecer una empresa, por lo general se mantienen con los años por su nivel de detalles. Los detalles son la pieza fundamental para mantener creciendo a una empresa, y también es la llama encendida que mantiene el amor, es la clave para mantener un cliente contento, para mantener la armonía con tus compañeros, para mantener las buenas relaciones de emprendimiento, empresariales, para lograr relacionarte con todo lo que tú te quieras relacionar, todo eso se enmarca en una sola palabra: detalles.

Detalles es la palabra mágica de las grandes cosas, mediante los detalles se puede aspirar a las cosas más pequeñas que dan vida a una gran cosa.

Experiencia

Tienes que estar constantemente preparándote para que el negocio o los negocios vayan potenciándose con tu experiencia.

La experiencia es una de las herramientas claves a la hora de lograr objetivos empresariales. La curva de hechos y consecuencias del pasado evocan cursos de acciones a seguir que resultarán en más aciertos y menos errores.

Para hacer un buen uso de la experiencia y no confundirse en los procesos, es muy importante analizar completamente desde distintos ángulos y perspectivas los hechos y sucesos del pasado, entendiéndose por pasado lo vivido por la empresa tiempo atrás.

Pero la experiencia puede, algunas veces, anclarse cuando el mercado esta complicado. Aprovecha esta gran oportunidad que te brinda la vida, sobre todo cuando tú conoces bien el tema en que estas involucrado. El entorno o las circunstancias son altamente cambiantes.

Te recomiendo que cuando no tengas la experiencia, busques a las personas que sí la tengan, y desarrolla con ellas un acuerdo económico que sea beneficiosos para ambas partes. Esto te ayudará a no cometer muchos errores que te puedan costar demasiado dinero.

Mejora constante

Debes tener presente que hay que buscar la mejora constantemente en todo lo que hacemos.

La mejora constante es un proceso que se inscribe en el alma de la persona que crea empresas exitosas. Hay consenso en el mundo de las empresas acerca de que es uno de los procesos vitales de mayor valor en cualquier empresa, pues es lo que le permite perdurar en el tiempo.

Ante un mundo altamente cambiante, volátil, incierto y veloz, la única manera de adaptarse es aplicar procesos de mejora que permitan sacarle el máximo de rendimiento a las operaciones y procesos que realiza una compañía.

Mejorar es crecer y adaptarse. No mejorar implica perder y morir en algún momento.

Los conceptos de cambios de la nueva era nos exigen ponernos más creativos, y buscar formas y alternativas, que podamos quebrar esquemas, y ser eficientes y efectivos. Sin embargo, la preocupación por cuidar a las personas es la base fundamental de los nuevos cambios. Además, también tenemos la obligación del cuidado del medio ambiente.

Oportunidades

Tienes que ser consciente que cuando emprendes y quieres ser independiente te encontrarás con una cantidad importante de obstáculos.... lo más importante es ser consciente que esto pasará. Y una vez que los hayas atravesado comenzarán a abrirse las puertas que en algún momento pensaste haber visto cerradas.

Cuando tú emprendes un proyecto, el nivel de complejidad se vuelve ascendente. Muchas veces inesperado. Surgen obstáculos y dificultades desconocidas, nuevas, desde distintas áreas no previstas y todas deben resolverse con éxito.

Esto implica un alto ejercicio de comprensión, flexibilidad, creatividad y resolución efectiva, justamente con una correcta y oportuna toma de decisiones.

¿Todos estamos preparados para ello? La verdad es que no. En la mayoría de los casos los responsables no poseen la persistencia, la resiliencia, ni la confianza para superar un proceso de continuas y crecientes dificultades. Allí radica, en gran medida, la diferencia entre tener éxito y fracasar.

Estrategia

No es difícil levantar 10 toneladas de peso si cuentas con la maquinaria adecuada.

Estrategia

Cuando creas que las cosas no te están resultando, cambia tu estrategia.

Una estrategia es el mapa, la brújula, que indica hacia donde debe orientarse una empresa o cualquier organización.

Una buena estrategia puede ser el factor clave para llevarnos al éxito. Su diseño se basa en una correcta lectura de la realidad de la organización, tanto del hoy como del mañana.

Toda organización, para tener éxito, debe tener una estrategia la cual debe repensar, reanalizar y redefinir con cierta periodicidad.

¿Por qué? Porque el diseño de la estrategia es clave para definir, es el camino y es el destino de la empresa.

¿Qué recursos son necesarios para lograrlo? Todos los recursos son necesarios, los que tenemos hoy y los que debemos conseguir mañana para alcanzar las metas.

La estrategia se vincula estrechamente con los objetivos y las tácticas empresariales, muchas veces confundiéndose ambos.

Para entender la diferencia:

Un ejemplo de estrategia podría ser crecer a largo plazo y ser el líder en el mercado de un país, mientras que un objetivo sería alcanzar las distintas metas que llevan a lograr la estrategia.

Para ello se utilizan tácticas, que suelen describirse como el conjunto de acciones necesarias para llegar al logro de los objetivos que nos conducirán a alcanzar la estrategia general.

Un ejemplo sería si la empresa en cuestión tiene como estrategia ser líder de su industria en su país, sus objetivos serán sacarle un X porcentaje del mercado a cada competidor y las tácticas pueden ser hacer publicidad en todos los eventos masivos, digitales, redes sociales etc. Esto en general aplica a todas las empresas cuyos negocios están relacionado con los productos y servicios.

Nosotros por lo general usamos técnicas y estrategias para realizar cualquier actividad que esté relacionada a nuestro rubro. Por ejemplo, para reclutar tenemos una base de datos, y además solicitamos personas por plataformas de búsqueda de empleos, después las contratamos para realizar un trabajo grande, o específico. Todo esto se hace antes de la ejecución: hacemos procedimientos de trabajo seguro, histograma, curva S, carta Gantt, metodología de trabajo etc. Todo esto forma parte de una estrategia de una empresa de servicios

Ahora, las estrategias van cambiando conforme sea su negocio. También los artistas tienen sus propias estrategias, que por lo general es ensayar y preocuparse de ir buscando formas de hacer cambios en sus rutinas, y a la vez y creando cosas nuevas para que el público lo vea y lo sienta como una persona que está haciendo cambios constantemente. Y eso, sin lugar a duda, será la clave del éxito de este tipo de profesión.

Anclas - Importante

Si necesitas cultivar más coraje para enfrentarte a las situaciones difíciles, has siempre una analogía de cómo fue tu pasado y que ese pasado te sirva de anclaje para no retroceder en la vida.

Cuando un emprendedor se refiere a que, frente a un desafío tiene que analizar anclas del pasado, se refiere a encontrar situaciones que hayan sido de mucha felicidad, y que ese momento quiere volver a traerlas a su vida. Y con ese momento de felicidad lograr energía para su éxito.

Entonces, si yo estoy complicado por alguna razón o circunstancias personales, o estoy teniendo un desafío con un emprendimiento, obviamente me va a servir buscar en mi historial personal lo que realmente me sirva para anclar mis mejores momentos, y representarlos para mejorar el momento que estoy pasando. Es muy importante sentirse asociado a los mejores momentos.

Se entiende que el conocimiento se aprende de forma asociativa. Esto significa que nosotros, para aprender o desarrollar un nuevo esquema o una nueva acción, necesitamos administrar o comparar esa acción nueva que estamos por administrar con algo hecho en el pasado y que nos inspira a ir más allá.

Cambio de paradigma

Debes buscar la forma de que los gastos se conviertan en beneficios.

Un verdadero desafío de los empresarios es entender los costos de un proyecto, o los costos de una operación.

Generalmente los empresarios lo ven como un costo hundido, entonces lo ven como una sangría de dinero sin que venga nada a cambio.

Los verdaderos empresarios buscan que las salidas de dinero produzcan un beneficio secundario. Entonces transforman todo gasto, todo costo, en una verdadera inversión.

Un ejemplo: en muchas organizaciones se piensa que capacitarse es un gasto, pero en la realidad esto es un costo de inversión, sencillamente porque tienes personas capacitadas, y logras mejores resultados. O sea, esto es un ganar para la persona que se capacitó y un ganar para la empresa que logra, con esa capacitación, mejorar sus resultados.

Otro ejemplo es comprar una máquina de última generación. Esto agiliza el proceso, simplifica el trabajo y ahorra tiempo. Por lo tanto, no es un costo, sino que es una inversión con mayores beneficios.

Siempre que vayas hacer cualquier inversión no te preocupes del valor, preocúpate de los beneficios que esto te generará.

Constancia y Confianza

La batalla tiene que ser constante para que produzca los resultados esperados. La constancia genera confianza.

Para que se produzca un avance, debe haber confianza, debe haber conocimiento. Los clientes deben buscar soluciones, esto genera confianza. No solo conocimiento teórico, sino conocimiento práctico también. No solo basta percibir que el proveedor puede vendernos la solución, si no que nosotros mismos tenemos que estar convencidos que lo podemos implementar y hacer funcionar.

La confianza se genera haciendo preguntas, tales como:

—¿Cómo me recomendaría empezar?

—¿Cuáles son las ventajas y desventajas de los tiempos y recursos que se comprometerán?

—¿Cuáles son generalmente los factores críticos del producto o servicio?

El éxito se intuye cuando tanto el cliente como el proveedor entienden del negocio y de las necesidades. Todos sabemos que a veces lo más barato nos obliga a comprar la solución dos veces, y todos sabemos que lo más caro no siempre es lo mejor.

Son el cliente y el proveedor en conjunto quienes deben determinar el camino.

Contribuir

Si alguien te pide ayuda, por favor dale
ayuda, y no pienses en recibir
recompensa.

La actividad empresarial genera un sinnúmero de beneficios y contribuciones no solo para ella. Sus colaboradores, proveedores, clientes y la sociedad donde se inscribe son también beneficiarios directos o indirectos de su acción en la sociedad.

Como empresario tú eres un factor en la creación de empleo, en la capacitación y aprendizaje de tus colaboradores, en la provisión al mercado de bienes y servicios necesarios para el consumidor o el cliente, en la compra de insumos utilizados en tu empresa, en el pago de impuestos al estado, y demás contribuciones que derivan en el beneficio de toda la sociedad.

Contribuir al desarrollo de las propias comunidades vecinas, también producen efectos en la sociedad.

No solamente tenemos que estar pensando en la ayuda directa, e indirecta, que se genera a través de un país o comunidad. También hay que pensar cómo puedes ayudar a cambiar la visión de algunos emprendedores que podrían estar ahogados, por no tener los consejos apropiados de un emprendedor que paso por las mismas experiencias. Este libro es una contribución al desarrollo y crecimiento personal de las personas.

Creencias limitantes

Si tus creencias están obstaculizando tu crecimiento, analiza si estás en el negocio apropiado.

Si tu creencia es que los bosques son imprescindibles para el mantenimiento del ecosistema y para la creación del aire que respiramos, no deberías estar en el negocio de los muebles de madera.

Tus creencias deben estar alineadas con los objetivos organizacionales y la estrategia general del negocio. Es obvio decir que debes creer en lo que haces, y que aquello que haces debe estar alienado con tu sueño. Esto ayudará a que el desenvolvimiento de tu actividad sea más fácil y placentero y con mayores probabilidades de llegar a las metas.

Muchas veces creemos que estamos en el negocio apropiado, y no nos damos cuenta de que muchas veces son más los desaciertos, que los propios aciertos. Entonces ahí tenemos que analizarnos nosotros mismos, y comenzar a reflexionar si tenemos las ganas, tenemos la energía para hacerlo. Hemos estado convencidos por mucho tiempo que uno tiene que pagar el precio para ser alguien en la vida. También es muy importante que puedas comenzar a pensar en hacer otros negocios que te permitan cambiar la vida que estas viviendo ahora mismo.

Existen una serie de negocios que pueden cambiar de forma radical tus ingresos. Siempre tenemos oportunidades, solamente tenemos que dedicarnos a buscarlas.

Recuerda siempre que uno puede cambiar sus creencias de poder hacer negocios, o también cambiar la forma de vida que estás viviendo ahora.

Todos los cambios se producen cuando uno está convencido que los puede realizar. Solamente vas a necesitar comenzar a pensar constantemente en el cambio de vida que quieres tener y la forma de cómo vas a ir implementado tus cambios. Tienes que estar muy convencido, y esto se logra a través de pensamientos positivos, y estar pensando en la vida que quieres vivir y cambiar. Y simplemente esto será un gran paso en tu vida para cambiar tu historia de vida personal, y así lograr hacer un cambio de creencias que te lleven a pasar al nivel que tú quieras pasar.

Diversificación

Siempre es importante que te diversifiques y que no te quedes pensando que el cliente que tienes estará para siempre.

La diversificación empresarial es una de las estrategias de crecimiento que una empresa debe hacer constantemente. Esto básicamente es porque los clientes cada día están buscando alternativas que sean más competitivas, y además están siempre pensando que alguien los pueda atender mejor.

Además, tenemos que ir diversificando los productos o servicios; con esta estrategia podrás estar más vigente en los mercados en los que hoy mismo te estas moviendo, y podrás lograr que tus clientes sigan confiando cada día más en tu marca de empresa.

Si estas diversificado en tus emprendimientos, asegúrate de hacerlo muy bien, ya que tus clientes te van a valorar según el enfoque que le puedas dar.

Los riesgos asociados a un único cliente son demasiado peligrosos, asegúrate de tener la mayor cantidad de clientes posibles, diversificando todos tus productos o servicios.

Siempre debemos tener presente que tenemos ciclos, tendencias, y muchas veces pueden ser bastante difíciles o complejos. Esto no quiere decir que tengas que vivir preocupado, solamente esto es parte de las recomendaciones que te puedo entregar. Porque muchas veces pensamos que estamos subiendo y que no nos para nadie, y de repente podemos tener desequilibrios económicos que nos pueden costar bastante dinero.

¿Por qué es necesario producir la diversificación empresarial?

Entre los factores más importantes que pueden desencadenar la toma de decisión de iniciar una diversificación podemos mencionar los siguientes:

- Un entorno muy concreto y específico que depende de las fuerzas competitivas básicas y de las características estructurales de la industria.
- El entorno general en el que se desenvuelve la empresa, tales como las presiones sociales, políticas, tecnológicas, legales o económicas.
- Las propias características de la empresa que pretende iniciar esta acción.

5 razones para diversificar un negocio

Además, se debe tener en cuenta las siguientes situaciones o necesidades:

1. Saturación del mercado

Los mercados son muy competitivos y en algunos de los sectores industriales se aprecia una fuerte sobresaturación, porque son muchas las empresas que ofrecen los mismos productos y servicios. Gracias a la diversificación se podrán ofrecer nuevos productos y servicios en los mercados.

2. Reducir riesgos

Al diversificar los clientes y los productos y servicios que se ofrecen, a largo plazo se reducen los riesgos. A pesar de que alguna actividad pueda fracasar, es improbable que todas salgan mal. Al ampliarse las fuentes de ingreso, se reduce el riesgo de un fracaso financiero grave.

El fracaso de muchos proyectos con diferentes clientes y diferentes actividades es siempre menos probable que el fracaso de una sola.

3. Generar sinergias

El desarrollo de actividades nuevas y la relación con otros clientes es más importante de lo que se pueda creer en un principio. El resultado será que el conjunto funcionará de manera más eficiente y el control sobre el negocio será mayor.

4. Aprovechar recursos

Cada empresa decide dónde invertir sus recursos excedentes y su capacidad para atender nuevos clientes y/o crear un nuevo producto o servicio, o establecer nuevas relaciones con otras empresas.

5. Oportunidades de inversión

Es interesante realizar inversiones en actividades que supongan posibilidades de rentabilidad y crecimiento.

La diversificación empresarial tiene una gran cantidad de beneficios, como ampliar el mercado al que se dirige, introducirse en nuevos mercados, mejorar la imagen de la marca, generar mayores ingresos y generar mejores y más profundas diferencias con la competencia. Cada empresa ha de decidir cómo hacerlo en función de su filosofía y de sus objetivos. Quedarse quieto y no crecer nunca es una buena opción.

Es realmente importante que todo lo que estás haciendo, lo hagas con amor y con pasión, y con mucha energía.

Flexibilidad y Planes

La planificación estratégica se obtiene buscando las mejores alternativas, sin olvidar de tener una segunda estrategia que te permita cambiar el plan inicial. Asegúrate de generar planes y estrategias que te permitan salir de cualquier situación.

Es importante que tengas varios planes alternativos, con la claridad de que, si falla alguno, tendrás la posibilidad de volver a intentarlo, considerando que pueden ir cambiando las distintas circunstancias en una actividad determinada.

¿POR QUE? Porque los mercados cambian, los clientes cambian, las circunstancias cambian, los gobiernos cambian, los ánimos cambian. Cuando el plan original pierde vigencia o es claro que no tendrá éxito, llega el momento de analizar y evaluar los planes alternativos mencionados.

Los planes alternativos contemplan diferentes combinaciones de tácticas, acciones, recursos humanos, económicos y otros. En otras palabras, son popularmente llamados Plan A, B, C, D, E.

Innovación

*Debes estar innovando constantemente.
La innovación estratégica es la materia
prima del futuro.*

En los tiempos que corren, las empresas se encuentran ante un entorno cada vez más cambiante, en permanente evolución, caracterizado por una creciente competitividad. Es por ello que la clave del éxito de aquellas empresas que siguen al pie del cañón, pese a la situación del mercado, no sea otra que la **innovación**.

Así mismo, las empresas cada vez más necesitan contar con nuevas estrategias dinámicas que les permita combinar sus recursos y energías, de forma que ellos estén al servicio de la innovación continua. Es en este nuevo contexto empresarial que la innovación estratégica es fundamental.

En las empresas la **innovación estratégica** se define como la necesidad de gestionar el cambio hacia el futuro, con el objetivo de poder ser más competitivo y creciente. Como resultado de esta, han surgido nuevos métodos de gestión empresarial, así como todo un abanico enorme de instrumentos cuya finalidad no es otra que gestionar de forma estratégica la innovación.

Vemos, por tanto, que la **innovación estratégica** es la consideración de la innovación como un proceso empresarial el cual precisa ser gestionado desde una perspectiva estratégica, con el fin de que la empresa adquiera ventajas competitivas y que, a su vez, cree valor para sus clientes y para la propia empresa.

Logros

El camino del emprendimiento no termina en un año. Necesitas un poco más de tiempo para poder lograrlo, sin olvidar que lo puedes lograr antes de tiempo también. Solo serán tu actitud y tu perseverancia en el hacer las que dictarán el tiempo de tus logros.

Luego de mi larga trayectoria como emprendedor puedo afirmar que para ser un emprendedor exitoso nuestro deseo debe venir desde lo más profundo de nuestro ser, como desde nuestros ADN.

NO importa lo que suceda en nuestras vidas, aquellos que son emprendedores de alma haremos lo que haya que hacer para seguir creciendo, construyendo, creando, solucionando, innovando y buscando siempre formas de que las cosas sean lo mejor posible. En otras palabras, de lograr llevar adelante nuestros sueños.

Este es el espíritu del empresario, este buscar siempre el hacer, el movimiento, es la base fundamental e irremplazable.

Una IDEA sin ACCIÓN es un pensamiento. Una ACCIÓN sin IDEA es una pérdida de tiempo, pero una IDEA en ACCIÓN es lo que cambia el mundo.

Gestionar bien tus logros es la base de tu crecimiento personal y empresarial. Recuerda siempre que nuestro mejoramiento debe ser constante.

Medición

Es muy importante que todo lo que hagamos lo podamos medir.

Las huellas que dejan los proyectos me han enseñado que siempre tienes que estar constantemente revisando y midiendo los avances. No te puedes confiar que todo está bien. Sí, después, vaya sorpresa, no faltan las justificaciones, y las excusas, sobre que "yo pensaba que el jefe de terreno era bueno, porque lo recomendó el gerente, porque fue recomendado por otro ingeniero amigo", y siempre es lo mismo. Tenemos que asegurarnos de una vez por todas que todas las herramientas que se usan en la ingeniería deben sincronizarse con la realidad que ocurre en el terreno.

Los méritos se basan en evaluar los resultados. Esa es la forma de evitar demoras en los proyectos y fomentar la productividad.

Además, tienes las planillas de cálculo, para estar contantemente revisando, con todas las herramientas que vienen con los programas de oficina de computadora y con tantos otros que se pueden adquirir aún más específicos.

Si un cliente tiene un problema con los tiempos, hay que medirlos. Lo importante es preguntar: ¿Dónde está, específicamente, el atraso? ¿Todas las actividades se atrasan? ¿O solo aquellas que requieren el uso de una máquina que no anda bien? ¿Era necesario protestar contra el personal que usaba esa máquina, cuando en realidad nadie midió la capacidad de sus herramientas?

Un emprendimiento debe medir la satisfacción de sus colaboradores con relación a los proyectos realizados.

La satisfacción no solo se genera en las actividades que se hacen, sino también en analizar si el cliente recomienda el servicio a otros. A esto yo le llamo **valor**.

La verdadera medición y mérito de un emprendimiento no es solo la cantidad de clientes que tiene, sino es también saber si nos vuelve a contratar y si desarrolla recomendaciones para su red de clientes y proveedores.

No hay que mirar solo a los clientes sino también hay que ver comunidades, industrias, y regiones. Esa mirada es la que fomento en los emprendedores: mirar todo lo que nos rodea.

En los deportes se producen los mejores ejemplos de mérito. Ya sean deportes de equipo o individuales, en todos los deportes trabajan muchas personas para el triunfo de un trofeo. Aquellos que han medido más, han sostenido mejores planes, realizado continuas mejoras son aquellos que siempre están en los mejores rankings. El resto, son meras intenciones.

Una anécdota importante en mi vida: recuerdo que durante muchos años no habíamos realizado el mantenimiento de una caldera. La verdad es que muchas veces los clientes confían tanto en las empresas que contratan, que son escasas las posibilidades de entrar como nuevo proveedor. Hasta que un gran día una empresa no cumplió con las expectativas del cliente, y ahí tuvimos la gran oportunidad de hacer nosotros el trabajo de mantenimiento.

Para hacerlo, creamos un procedimiento muy bien escrito, paso a paso. Iban a participar más de 250 personas de forma directa, más las personas indirectas que suman fácilmente hasta un 30% adicional del personal total para dicho contrato.

Pero apareció un obstáculo no previsto. Nosotros teníamos un jefe de terreno que trabajaba hacía muchos años con nosotros, y recomendó a otro jefe de terreno para realizar la reparación de una parte específica de la caldera. Este jefe de terreno ya estaba reconocido por el ingeniero a cargo del mantenimiento que era el propio administrador de contrato.

Se procedió a explicarle todo el procedimiento a utilizar para aquella reparación. Una vez comenzada la mantención, este jefe de terreno tomó su personal, el cual siempre andaba para todos lados con él, y comenzaron a trabajar.

Cuando empezamos hacer la reparación completa, y comenzaron a pasar los días, nuestra administración solicitó consolidar toda la información de acuerdo con los avances que deberíamos tener. Llevábamos 3 días, cuando nos encontramos que el avance, del sector de este jefe de terreno, hasta ese momento, esta todo mal realizado (Esto no era malo, ... ¡era muy malo!)

Solicité que hiciéramos una investigación para analizar el porqué nos había ocurrido dicha desviación, y es cuando me informan que este jefe no había realizado el procedimiento tal cual se había planeado.

¿Qué fue finalmente lo que ocurrió? Ocurrió que nosotros no fuimos capaces de hacerle un seguimiento real y continuo a esta parte del mantenimiento, comenzando del día número 1. O sea **no medimos en todos los puntos de trabajo**, no controlamos, y el resultado fue bastante desfavorable.

Recuerdo en esos momentos que todos los días pasaba a darme una vuelta donde se estaba realizando dicha mantención. Reviso que pasé por todos los puntos de trabajo, pero justamente ese punto del trabajo no lo había ido a visitar, por la sencilla razón que todos estábamos confiando mucho en dicho jefe de terreno. Estaba predicando que teníamos que estar constantemente revisando, y me confié, y no me detuve un instante en ese punto a revisar el trabajo.

Lamentablemente teníamos un atraso bastante significativo que solamente nosotros podíamos detectar. Pregunté, ¿cuál fue la razón del cambio de estrategia y porque tan mala? Lo primero que hice fue retirarme del punto de trabajo para poder pensar mejor las cosas, y a la vez dejar que mi mente pensara un poco antes de conversar con el ingeniero a cargo que era el administrador de contrato. Pedí que se me entregara un plan de acción para poder levantar este desvió del atraso. Necesitaba tener la información en la tarde máximo 16:00 horas en Chile, para otros países son las 4:00 de la tarde.

La idea era que fuera a esta hora para que podamos dar el tiempo y poder reaccionar. Y si el cliente lograba detectar dicha desviación, la idea era que nosotros pudiéramos explicarles, de lo contrario también le diríamos que tendríamos que reforzar con más personal en aquel punto de trabajo. Posteriormente había que juntarse con el propio cliente en 3 horas. Solicité que me llamaran vía telefónica para explicarme muy brevemente lo ocurrido. Y con más detalles necesitaba el plan de acción para revertir dicho resultado. Cuando llamo me explican lo siguiente: este jefe de terreno no siguió las instrucciones como correspondía, e hizo como él estaba acostumbrado a hacer el trabajo en otras calderas. Le pedí conversar con este señor y que le expresaran que lo que él estaba haciendo nos estaba generando un resultado negativo y que teníamos que volver a realizar la estrategia original.

Conversaron con este señor, y lo que ocurrió fue que él le había manifestado, tanto al ingeniero administrador como a su amigo, el jefe de terreno nuestro que lo había recomendado, que el trabajo se hacía como él lo estaba haciendo hasta ahora.

Lo primero que le pedí a nuestro ingeniero administrador fue que le preguntara a nuestro jefe de terreno si el jefe de terreno que había traído tenía claro que tenía que trabajar conforme a procedimientos y estrategias nuestras. Y respondió que sí estaba informado. Entonces pregunté si ellos estuvieron ahí asegurándose que este señor estuviera realizando el trabajo conforme habíamos realizado el procedimiento. Y respondieron que ellos habían entendido que este señor trabajaba solo, y que no había necesidad de estar observando el trabajo de ese jefe de terreno. Fue ahí cuando pregunté, ¿qué hubiera pasado si ustedes hubieran controlado el trabajo del día número uno? Respondieron que no hubiera pasado lo que pasó.

Les expliqué que iban a ir en ese momento a conversar con este señor y que le tenían que solicitar que realice el trabajo conforme a la estrategia presentada con anticipación. Respondieron que habían conversado y que él había respondido tercamente que esa era su forma, y que no había ninguna otra que resultaría.

Fue ahí cuando solicité vía telefónica que juntaran a todos los lideres principales de la organización, principalmente a esta persona. Solicité que la reunión la realizáramos a puertas cerrada en la mañana del otro día.

Por la mañana lo primero que mencioné fue que lo que habían hecho no era solamente un problema de ellos, porque yo también me sentía responsable por aquella falta de revisión en la ejecución de los procedimientos y estrategia. Fue ahí cuando este señor, lleno de ego, me indica que lo que ellos estaban haciendo estaba bien. Le respondí que si estuviera bien no estaríamos conversando para ver cómo podíamos revertir dicha situación. Fue ahí nuevamente cuando volví a preguntar si cambiarían a la estrategia real, respondieron que sí lo harían. Después pregunté si el atraso que teníamos en aquel momento lo podríamos recuperar y con cuántas personas adicionales, ellos respondieron, y así lo implementamos.

¿Cuál es la moraleja que sacamos como resultado de todo este gran recorrido? La moraleja es que, si lo hubiéramos asegurado desde el principio, revisando, midiendo los avances, controlando la estrategia, no hubiéramos tenido los problemas que tuvimos.

Finalmente, a los 2 días todo comenzó a volver a su ruta normal. Sin embargo, hubo que inyectarle más equipos de trabajo, y finalmente logramos estabilizar la situación. Aunque para podernos acercar a la fecha prevista de finalización, terminamos el trabajo con el horno prendido, y todos corriendo para poder terminar. La actitud hace milagros, por lo cual quiero dejar por escrito claramente 2 reglas que ayudarán siempre a los emprendedores.

1. La primera regla que podemos aprender de esta anécdota es que siempre hay estrategias mejores. Hay que hacer buenas planificaciones. Siempre hay varias formas de llegar a un buen resultado, pero no deje que las personas no respeten las estrategias. Hay que alinear a todos, pero con actitud y firmeza, con determinación.

2. La segunda, es que no hay que ser flexible si ya tienes un plan y una estrategia. Si este ingeniero administrador hubiera controlado desde el primer día la estrategia esto no hubiera ocurrido, y hubiéramos terminado en tiempo y forma.

Es muy importante trabajar las comunicaciones con todos los colaboradores antes de realizar cualquier   actividad.

Mirada hacia arriba

Hay que tener en cuenta que el crecimiento de un emprendedor no se logra solamente en la oficina.

¿Qué significa mirar hacia arriba para un emprendedor?

Hay 2 miradas en el accionar de un emprendedor: la mirada hacia adentro o hacia abajo, y la mirada hacia afuera o hacia arriba.

La primera es la mirada sobre el accionar de una empresa, la mirada sobre los empleados, sobre las finanzas y las ventas, sobre el accionar, sobre "nuestros" clientes y proveedores. Es la descripción de nuestro accionar.

La segunda es la mirada sobre dónde acciona la empresa, la mirada sobre la industria, sobre la ubicación geográfica donde opera, sobre la competencia.

La primera nos sirve para estudiar cuán eficiente somos, la segunda nos sirve para determinar lo que tenemos que hacer para competir, para ganar mercado.

El 95% de los empresarios tiene solo una mirada, la interior. Entonces no saben cuál es el porcentaje del mercado que tienen, si están perdiendo participación en la industria, en el país. Solo el 5% de los empresarios entiende la mirada global. La mirada hacia abajo más la mirada hacia arriba.

Momentum

Siempre tenemos que pensar en las oportunidades del momento.

Nosotros tenemos que estar constantemente revisando las oportunidades que existen en la vida. No hay ninguna forma de que uno no pueda hacer cambios si uno está atento al momento que pueden ocurrir determinadas situaciones favorables. A eso se le llama Momentum o momento oportuno.

Las personas muy exitosas dicen que ese momento oportuno se produce por dos razones:

Una es la habilidad de estar en el momento justo.

La otra es buscar y perseguir la posibilidad de forma constante, de esa manera el momento lo encontrarás.

Ese momento, si trabajas sin pausa, con inteligencia, perseverancia y determinación, lograrás atraerlo.

Mi recomendación es que lo busques. Te pido que no dejes de pensar nunca que ese momento tan esperado a tu vida, va a llegar.

Negociación

Busca siempre la forma de unificar los criterios de las personas para sacar tu mejor producto o servicios.
Cuando quieras dar un paso importante en tu vida, primero piensa bien cuáles serán tus mayores obstáculos, y también analiza cuáles serán tus mayores beneficios.

Si quieres ser brillante en las negociaciones primero debes negociar con la vida lo que tú quieres ser. Ahí tendrás el punto de partida para poder lograr cualquier acuerdo, cualquier negociación, cualquier situación que tú creas que puede ser de forma comercial, una simple expresión o lo que tú quieras negociar.

La mejor negociación es donde todas las partes ganan. Tú puedes lograrlo, solo debes pensar cómo te gustaría que te traten si tú estuvieras del otro lado de la negociación. A esto se le llama "Win-Win", es decir ganar-ganar. La negociación de ganar-ganar implica términos justos y beneficiosos para todos, sin intentar sacar ventajas ni provechos del otro.

Una vez acordada la negociación, es importante dar el mejor servicio que esté a tu alcance y la mejor atención posible. Debes ser brillante en lo que haces, y debes lograr empatía.

Para lograr cerrar negocios importantes debes concretar las negociaciones de buena forma. Muchas veces nos esmeramos en hacer negocios rápido sin siquiera pensar en lo que nuestro cliente realmente necesita hoy o lo que puede necesitar mañana, no nos concentramos en dejar las puertas abiertas y los caminos allanados para otros futuros negocios.

Es muy importante que tú pienses que alguna vez te puede tocar estar del otro lado de la mesa y tú querrás que te ofrezcan el mejor servicio.

Negociar no es difícil, hay que ser justo y ofrecer lo mejor de uno. Hay una frase popular que resume perfectamente las bases de una buena negociación: trata a los otros como te gustaría que te traten a ti.

Situaciones complejas

*Cuando pases por situaciones complejas
que están fuera de tu emprendimiento,
recuerda que siempre tendrás pruebas
adicionales que te tratarán de doblegar.
Debes buscar la forma de aplicar la
misma fe y perseverancia como lo has
hecho en tus emprendimientos
anteriores.
Tan simple suena, y tan complicado es.
Para cada problema de la vida hay que
comenzar pidiendo una reunión para
analizar la situación.*

Las reuniones siempre serán importantes, ya que tú podrás lograr y obtener de ellas información valiosa que pronto podrás utilizar para hacer un análisis de costo, una proyección de las ventas, una reducción en los costos, una planificación de inversión, una reunión para analizar la situación de tu empresa, una reunión para destacar algún miembro de tu empresa etc.

Como consejo te propongo que estés constantemente realizando, donde quiera que sea, algún tipo de reunión, hasta podría ser con tus seres queridos. Piensa en el beneficio que esto produce.

A veces tenemos la necesidad de viajar miles de kilómetros para conversar con un cliente. Por diferentes razones, muchas veces nos vemos en la necesidad de hacerlo, por el compromiso que esto implica.

Si la vida nos enseña algo es que el pasado ya pasó, lo importante es tratar de entender y ver qué se puede hacer **hoy** mirando el **mañana**.

Se deben evitar las largas y monótonas conversaciones de cortesía, y no perder tiempo uno ni hacer perder el tiempo a los demás.

Tenemos que ser conscientes de que la vida es muy hermosa, y si por algún motivo tienes reuniones tensas, por favor evítalas simplemente cambiando el lenguaje, y explicando y exponiendo que todo se puede conversar y llegar a acuerdos simplemente utilizado palabras sencillas con una profunda intensidad.

Salir de un negocio

*De la misma forma que hay que saber
entrar a un negocio, en mi caso crearlo,
se debe saber salir del negocio cuando
sea necesario.*

Es muy frecuente ver gente hacer negocios sin tener noción de cómo salir. Y pienso... es como ponerse a cocinar sin saber cuántos comensales vienen a cenar, es como querer comprar pintura sin saber cuántos metros cuadrados vas a pintar de paredes. Salir de un negocio es entender a quién le podrá interesar nuestro negocio si debemos venderlo, cuándo es el mejor momento para hacerlo y bajo qué circunstancias.

Citaré un amigo empresario que tuvo grandes altibajos con sus empresas y siempre decía: "Los negocios no son hijos". Él se refería a que a los hijos uno los cuida, en las buenas y en las malas, en la salud y en la enfermedad, por siempre. Pero los negocios no. Hay que saber cuándo un negocio dará pérdidas, y saber cómo deshacerse de él. Caso contrario nos transformamos en apostadores compulsivos que siempre pensamos que en la siguiente vuelta podremos recuperar lo invertido. Una cosa es trabajar para ganar, y otra cosa es trabajar para recuperar lo invertido... y lamentablemente cuando un negocio da perdidas a veces uno trabaja pensando que puede recuperar lo invertido y termina invirtiendo cifras jamás recuperables.

También hay que saber que los socios de hoy no necesariamente son para siempre. Uno puede vender una parte de la empresa, pero debe saber que con un buen contrato puedo volver a comprarla. Uno puede cambiar de socios a medida que el negocio crece o se transforma, y es muy positivo cambiar.

Muchas veces, cuando tu negocio está bien posicionado en el mercado, hasta podrías vender solamente la marca de tu empresa. Y los activos dejarlos fuera de la negociación.

Si vas a tener un socio, asegúrate que comparte contigo la misma filosofía, que entienda las necesidades reales de los clientes. Si estás pensando en expandirte espero que tu socio comparta la misma idea. Podría pasar que se te hubiera escapado ese detalle, y quizás ese socio no quiera hacerlo y conviene que ya hayas pensado en forma previa este escenario.

Es claro que mucha gente no quiere crecer por miedo a la incertidumbre, entonces debemos desarrollar una forma de satisfacer esa necesidad, y la respuesta es contribuir a la industria dando valor. Hay socios que son muy buenos para ser dueños de una sola empresa, y otros querrán replicarlo.

Para salir de un negocio hay que ser flexible, abierto. Es difícil pensar que sabemos todo lo que necesitamos saber al comenzar el camino. Es difícil pensar siquiera al emprender el viaje, donde terminará.

Lo importante es saber avanzar, no es importante saber lo que todavía no podemos ni siquiera adivinar. La tecnología es un ejemplo. No se sabe cuándo aparecerá un invento que cambie la industria o la vuelva obsoleta. Pero siempre hay que estar flexible, abierto y muy bien informado.

Valor

Siempre tienes que estar al servicio de las personas. Eso te dará mayor seguridad en todo lo que hagas.

Un empresario trabaja en una localidad y en un país, con el sueño de un día exportar y hacer crecer a esa localidad y ese país. Para lograr esos sueños hay que poder identificar los valores de los funcionarios que se llevan bien con el empresariado.

- Apoye el largo plazo. Los funcionarios cambian, pero los empresarios están comprometidos al largo plazo. Un emprendedor no puede renunciar y dejar de pagar la nómina porque le va mal. Siempre debe resolver los temas, y la forma es pensar a largo plazo.
- Deje de buscar al gobierno para que brinde dinero, mientras se reciben impuestos, inflación, tasas de interés. Ayude a emprender, a **exportar**, Crecer es expandir, no es trabajar más horas.
- Brinde escenarios para el crecimiento. No es entendible que todo se haga en el mismo horario con los mismos impuestos.
- Optimicemos la cantidad de horas que se pierden en transporte y la cantidad de horas que se pierden por intentar hacer

todo de 9 a 18, bancos, trabajos, colegios, salud.

- Eduque sobre lo que es una deuda. Si una familia de padre, madre y supongamos 2 hijos estuviera muy endeudada, ¿qué significado tiene que los padres vivan discutiendo, pidiéndose plata? ¿Qué significado tiene que ambos padres les pidan ayuda a los hijos, y los hijos a los padres? ¿No sería acaso el momento adecuado para que los padres salgan "afuera" a traer dinero y que los hijos los ayuden a cuidar el hogar? Por favor, impulsemos a los funcionarios a crear el ambiente para que salgamos "afuera".
- Hagamos un tributo al Principio de Pareto, la famosa regla del 80-20. Hagamos algo, con el 80% de nuestro tiempo sigamos haciendo lo que venimos haciendo, luego de todo es imposible cambiarlo, pero con el 20% impulsemos el crecimiento.
- Disfrutemos los lunes, un día que representa el inicio de una nueva semana. Pidamos a los colaboradores que ellos recomienden acciones para la semana, que enseñen a otros. Enseñar es la acción más poderosa para aprender.
- Piense en patentes. Aunque sea una sola patente colectiva a nombre de la empresa

representando a nuestro país. Al menos una por año, donde todos pueden participar. ESTO QUE PARECE SENCILLO PODRÍA SER LA PIEDRA FUNDAMENTAL PARA QUE UN PAÍS CREZCA EN VARIAS GENERACIONES. Las patentes duran 20 años y generan ingresos por su licenciamiento.

- Emprender es saber invertir, es saber que debemos hacer una inversión al principio de un proyecto, ya sea en educación, materiales, inmuebles, patentes, metodologías. Y esa inversión no debe amortizarse en el corto plazo. Las inversiones se amortizan o en el mediano y largo plazo, o en el momento de vender una empresa.

    - Ejemplo: Compro una propiedad para poner un negocio arriba. Esta inversión es una inversión distinta a la del negocio. Son 2 negocios en uno, el valor de la propiedad (que intentamos aumente con los años), y el valor del negocio (que intentamos que cubra los costos fijos primero, y que luego pueda generar una rentabilidad).

- ¿Qué valor debe otorgar la inversión? Debe permitirnos diferenciarnos. Crear un valor diferencial.

- El flujo de caja es esencial para manejar una empresa. Debemos tener presente una sola cosa, que por muy pequeña que sea tu empresa debes tener una proyección de gastos y de ingresos.

Variedad

No debemos olvidar que para ser mejor en lo que haces debes esforzarte por buscar formas diferentes de hacer las cosas.

Los mercados en general son dinámicos. Eso significa que sus necesidades van cambiando. Una empresa que desee perdurar en el tiempo debe, no solo poder adaptarse a esos cambios de necesidades sino poder adelantarse a ellas.

Ofrecer una variedad amplia de servicios es indispensable para una empresa. Pero no se trata de ofrecer cualquier servicio. Un buen empresario desarrolla nuevos servicios escuchando a sus clientes, entendiendo sus problemáticas, necesidades, desea y en base a ellos crea servicios para ofrecer soluciones y ayudarlos a crecer.

A quienes estén interesados en profundizar sobre este tema, recomiendo una regla que consiste en tres verbos: ESCUCHAR – INVESTIGAR – RESPONDER.

¿Por qué menciono los 3 verbos? Pues es importante responder habiendo investigado primero. Muchas personas NO ESCUCHAN E IGUAL RESPONDEN. Y otras personas ESCUCHAN y luego RESPONDEN solamente. ¿Por qué no profundizamos un poco antes de responder?

Visión

Si estás pensando en un pequeño emprendimiento eso sin duda se concretará. Sin embargo, si tienes una visión amplia de tus sueños y tus metas se te abrirán más posibilidades.

En términos empresariales, la definición de visión se refiere a las metas y propósitos que se marca una empresa y que espera conseguir en el futuro. Consiste en una expectativa ideal, que muestra el planteamiento de lo que desean ser y conseguir con el tiempo.

En la visión queda reflejado lo que se busca en la trayectoria futura de la compañía, marcando una serie de directrices a seguir para alcanzar los resultados deseados.

Quien marca la visión de una empresa es el empresario, socio, o accionistas de una empresa, claramente ellos establecen la visión de futuro. Ahora los que se encargan de apoyar la visión son todos los líderes, colaboradores, especialmente el equipo de marketing.

Es muy importante que tu visión siempre sea lo más amplia posible, ya que con eso lograrás que tus sueños sean grandes e intensos.

No dejes que nadie haga comentarios negativos de tu visión, porque cada uno tendrá que esforzarse para poder llegar al final del camino.

Habilidades

Todos tenemos diferentes habilidades. Muchas veces no las conocemos, solamente tienes que estar en una situación incómoda y ahí encontraras tus grandes habilidades.

Mejora constante

No te conformes con tus estudios. Busca cómo puedes perfeccionar tus habilidades.

Cualquier tipo de cambio requiere de tiempo, y cambiar una cultura. Este cambio de cultura debe hacerse implementando un programa, el cual debe ser mantenido por muchos años. Si buscas crear una cultura de mejora continua para tu negocio, es necesario contar con pasión, paciencia y planificación. Esta es mi recomendación para que tengas en cuenta:

- Sueña.
- Considera el futuro.
- Escribe tu misión.
- Ármate de coraje, pensamiento positivo y buena actitud.
- Reflexiona acerca de tu pasado.
- Manifiesta la visión global.
- Brinda instrucciones claras.
- Haz que tu misión sea tu mantra empresarial y personal.
- Comienza con pequeñas mejoras, en vez de cambios enormes a gran escala.
- Sé constante.
- Sé tú visión y predícala con el ejemplo.
- Crea deseo.
- Permite la experimentación.
- Incentiva los objetivos profesionales y personales de tus colaboradores.

- Demuestra aprecio por tus colaboradores, proveedores y clientes públicamente.

Marketing

Siempre que elabores un producto o servicio,
ten presente que mostrarlo al mercado es lo ideal.
Sin embargo, ahora en estos tiempos lo que llama
más la atención de las personas en la publicidad es
ser simple, con un contenido profundo. Y también
piensa que no puedes extender mucho el
Marketing.

Creación de marca

*Cuando tú estás emprendiendo tienes
que convertirte en la marca, las
personas te reconocerán.*

El branding o la creación de marca se
relaciona con la percepción que tiene el cliente
cuando escucha o piensa en nuestra empresa, más
específicamente en su nombre. Su nombre es su
marca. La palabra "marca" se puede definir como
un algo vivo que evoluciona, de la que se puede
medir su calidad y grado de satisfacción por el
comportamiento de los clientes y su ecosistema.

La marca de una empresa debe cumplir con
los siguientes objetivos:

- Entregar su mensaje de manera clara.
- Reafirmar su credibilidad.
- Conectar emocionalmente a la
empresa con los clientes reales y
potenciales.
- Motivar al cliente a seguir
contratándola y recomendarla.
- Crear lealtad en el cliente.

Para tener éxito en el desarrollo de la
marca, se deben comprender las necesidades y
deseos de los clientes. La creación de marca se
logra al integrar su mensaje con todos los puntos
de contacto público. La marca no solo crea

clientes leales, sino que también crea empleados, socios y asociados leales como así también proveedores y comunidades leales. La marca comunica una misión en la que creer, algo que respaldar, ayuda a comprender el propósito de la empresa.

Personalidad

Piensa que siempre vas a necesitar marketing para tus productos o servicios. Empieza por que sea representativo a tu personalidad.

Todos tenemos una personalidad determinada. En mi caso invito siempre a que tengan ganas de crecer y se llenen de imágenes positivas.

Como esa es mi personalidad, entonces mi persona está compuesta por un conjunto de formas de ser, a las cuales, si les agrego mis sueños, forman mi ser posible.

Quiero que mis empresas también tengan mi personalidad, por lo cual quiero que mis colaboradores también sean la imagen de la empresa.

Mis empresas, al imprimirles mi personalidad, son empresas que no solo cumplen con su trabajo y proyectos, sino que crecen con ganas, que cuando se caen se levantan, que organizan el trabajo de los clientes como lo hice yo con mi vida cuando aprendí al ser ayudante. Pienso en mis empresas como ayudantes de los clientes para intentar ser mejores, cuidando la imagen corporativa. Pienso en mis empresas y pienso lo que mi madre me decía: que siempre tenga plata y luzca bien pues podría ser juzgado por la imagen.

Las empresas también pueden ser juzgadas por lo que representan, tanto para las personas, los proveedores, los clientes, todos. Es necesario que puedas actuar y transmitir confianza, eso ayudara mucho, cuando te quieran evaluar como empresa.

Tiempo Real

Para hacer un buen marketing y crecer con clientes, tienes que hacer las cosas bien todos los días.

No tiene sentido planificar con antelación si perdemos la capacidad de trabajar la imagen todos los días.

Aprendí que, cuando trabajamos en forma continua, segundo a segundo, eso se llama *tiempo real*.

El marketing es el conjunto de acciones que hacemos para promover nuestros servicios e incrementar nuestra venta, y con eso incrementamos nuestra facturación. entonces, ¿Por qué hacerlo solamente cuando lo necesitamos o cuando estamos motivados? Lo debemos hacer siempre, en todo momento.

Es de suma importancia que nuestros colaboradores entiendan que deben estar haciendo Marketing con nuestros clientes constantemente. Sin embargo, algo más importante es que seas congruente y verdadero con lo que dices, con lo que haces. ¿Acaso sabemos cuándo es un buen momento? Un buen momento es siempre, todos los días, en tiempo real.

En otro momento de este libro hablé de la importancia del corazón. El corazón late miles de veces en una hora. El corazón trabaja en tiempo real, no descansa. Así debe ser nuestro marketing, como el corazón, en tiempo real.

Innovación

Pensar creativamente te ayudará a encontrar nuevas oportunidades.

Muchas veces me ha tocado conversar con mis líderes, y con mis gerentes y siempre les he transmitido un mensaje que espero que a ustedes también le pueda ser de utilidad en todos los temas donde crean que lo puedan aprovechar.

Muchas veces los colaboradores llegan y me dicen que tienen muchos problemas en los contratos. Cuando eso sucede yo les digo que, independientemente de que tengan problemas, un problema es una oportunidad.

Siempre estoy hablando de la importancia de hacer un ejercicio simple, que ayuda mucho, que es anotar todos los problemas que tengan, y buscar las tres posibles soluciones para cada problema. Una vez que tenga las tres principales soluciones, esto le ayudará a encontrar definitivamente las soluciones a los problemas.

Hace mucho tiempo, que estoy hablando con las personas de mi organización, y siempre les menciono que deben trabajar como equipo, para que las cosas funcionen. Y ¿cuál es la razón principal de hacer este ejercicio en grupo? que se puede trabajar para todo orden de cosa, si implementas esta dinámica lograrás que puedan buscarle soluciones en todos sus procesos. Esto quiere decir que, por cada situación a mejorar, tendrás que buscar tres alternativas. Supongamos que un equipo este compuesto por 9 personas. Si presentan una situación a mejorar, y buscan tres soluciones cada uno, al final son 27 posibles alternativas que tiene el equipo para poder encontrar la alternativa de solución.

Escucho muchas veces a los clientes pedir que seamos creativos y que siempre innovemos. Entonces también preparo a mis colaboradores a que busquen alternativas de innovación en nuestros procesos internos que ayuden a nuestros clientes a mejorar. Claramente se puede realizar el mismo ejercicio con el cliente, buscar donde está su mayor problemática, y poderle mostrar que tenemos alternativas de salida. Esto sin duda que ayudara a nuestro cliente a sentirse más apoyado por el compromiso mostrado.

Necesito hacer mención que todos estos ejercicios ayudan a agilizar su mente, y a encontrar caminos alternativos que le ayudarán a simplificar las cosas en todos los ámbitos de su vida por muy complejas que puedan parecer.

Sin presionar

*Siempre tendrás que estar empoderando
a tus colaboradores para que ellos se
sientan importantes, y puedas lograr
revertir los resultados sin presionar.*

Los resultados son la medición de los objetivos que nos hemos propuesto.

No hay gestión que sea buena si, al final, los resultados nos indican que no fueron los esperados. Quiero erradicar la mirada negativa de los resultados. Me gustaría siempre encontrar el valor positivo de los resultados. Aun cuando he perdido grandes cantidades de tiempo y de dinero por problemas de proyectos, es la mirada sin presión lo que me permitió levantarme cada vez y crecer nuevamente. Si he tenido una mala gestión, quiero que sirva para mejorar la buena gestión. Sin ese resultado adverso seguramente no hubiera crecido.

Te pido que cuando quieras implementar algo en tu empresa, que tus colaboradores te escuchen, y que presten atención. Y con esa misma atención que invirtieron que puedan llevar acabo lo que tú estás pidiendo, porque de lo contrario no podrás mejorar la gestión, y seguirás obteniendo los mismos resultados. Esto sin duda quiere decir que es necesario que nos comprometamos todos.

Un sueño más

Educar

Voy a crear una Academia donde podamos capacitar a miles de personas.

Esta iniciativa comienza a cobrar vida ahora, después de que hemos detectado que los buenos especialistas que estaban ya han envejecido y ellos por el motivo o razón que sea, no han seguido aportando con su experiencia en nuestra incursión en el mundo de la industria, donde nuestros principales servicios están enfocados en atender las necesidades de nuestros clientes.

Además, aunque la industria demanda siempre personas especialistas y calificadas, los estudios no entregan todo lo que se necesitas saber para un oficio técnico. Piensan y abarcan solo la teoría, y esto no garantiza el éxito de sus largos años de estudios.

Conté que mi experiencia de vida no me permitió tener una educación universitaria. La pobreza y la soledad de mi madre como único adulto a cargo de varios hijos y mi amor profundo, respeto y adoración por ella me hicieron elegir trabajar para ayudar en mi casa y eso sin lugar a duda era una decisión única. Pero así y todo me formé. Aprendí como dicen, "haciendo camino al andar". Me entrené en los trabajos aprendiendo de otros, de sus éxitos y sus fracasos, escuchando, mirando. Luego sí pude acceder, ya con más dinero y más tiempo, a cursos formales de educación variada.

Sé de mi propia experiencia lo difícil que es poder ser ayudante de un especialista en un trabajo. Pero aprender de ellos es como ir a una academia del terreno y eso es como forjarse al fuego ardiente, y salir de esta academia del terreno como de una verdadera universidad de la vida.

Sentí entonces que la educación tenía que llevarla al trabajo, y promover así que mis colaboradores más valiosos, además de trabajar, también puedan enseñar. Ahí es cuando más se aprende, cuando se aprende de los que están aún trabajando en grandes proyectos.

Es por eso por lo que mi academia tiene como objetivo combinar el aprendizaje y el trabajo del oficio en un mismo lugar, y el mejor lugar que puedo imaginar para ello es mi propia empresa. Mi sueño es crear una Empresa-Academia y deseo, con mi ejemplo, lograr inspirar a otras empresas a desarrollar los talentos de las personas y darles también así oportunidades laborales a sus egresados.

Enseñar y ayudar tiene como objetivo personal inspirar a quien comparta mi visión a sacar, no solo su mejor versión, sino también a sacar la mejor versión en los demás.

La educación formal en general, no refleja las necesidades de conocimiento y soluciones reales que existen en las empresas, pues lo que se adquiere a través de la experiencia en proyectos existentes y concretos no se adquiere plenamente en las academias. Ellas no brindan toda la información y práctica suficiente requeridas.

Esto deja entrever la gran necesidad de una mejor relación entre lo académico y lo práctico, ayudando así a una mejor y mayor inserción de los especialistas en el mundo empresarial.

Mi sueño es aprovechar las oportunidades de aprendizaje presentes en mi empresa, la cual cuenta con las soluciones a los problemas reales de la industria. Es por eso por lo que mi nuevo emprendimiento es una Empresa-Academia, donde mi empresa sea al mismo tiempo una Academia, es decir un espacio donde la formación se articule más directamente con la "demanda", enfocada por un lado a las prácticas empíricas y por otro a la actualización permanente, tan necesaria en épocas de cambio tecnológico, globalización y mercados con alta demanda de trabajos complejos.

Mi objetivo es la articulación entre una empresa exitosa con proyectos en ejecución y profesionales en ejercicio que funcione de unidad de formación profesional.

Esta colaboración es muy útil. Según María Antonia Gallart en su artículo "Escuela-empresa: un vínculo difícil y necesario" artículo publicado en el Boletín Educación y Trabajo Red Latinoamericana de Educación y Trabajo CIID -

CENEP Año 7 - Nº1 - Buenos Aires - junio 1996, dice que:

"Las razones de la conveniencia de las Empresas-Escuelas pasan por las potencialidades y limitaciones que cada una de estas realidades organizacionales -la institución educativa y la organización productiva- tienen para el proceso formativo de una persona. La escuela y, en general, toda institución organizada para desarrollar un programa formativo a lo largo de un período de tiempo prolongado, tiende a una permanencia organizativa que adquiere formas pseudo-burocráticas; su división del trabajo toma características especiales alrededor de la relación pedagógica educador-alumno; su estructura curricular tiene una fuerte impronta académico-disciplinaria; el encadenamiento vertical -en el caso de la educación formal- hace que los niveles superiores influyan en los objetivos de los niveles intermedios, aunque para muchos estudiantes estos sean terminales. Todas estas características favorecen el vaciamiento de contenidos significativos en la educación media en países en los que la misma está fuertemente orientada hacia los estudios universitarios."

En cambio, una empresa es, por definición el campo de juego de las tareas productivas. Y es por eso por lo que es quien más sabe lo que se necesita para realizar óptimamente el trabajo.

Una empresa debe invertir tiempo de su personal para brindar una formación integrada. Por un lado, brindar la fundamentación teórica para las competencias intelectuales y técnicas necesarias para ser exitoso en el trabajo, y por otro, la experiencia práctica.

Mi emprendimiento Empresa-Academia estipula implementar un proceso de enseñanza-aprendizaje a través de una empresa, donde pondré nuevamente todo mi conocimiento, mi incansable voluntad, mi pensamiento positivo, y mi convencimiento para crear un espacio que facilite la adquisición de competencias amplias, pero también específicas, ambas necesarias hoy más que nunca dada la polivalencia y la flexibilidad del mercado de trabajo.

Para sentir que mi misión como empresario se va completando, sé que debo contribuir en el proceso del aprendizaje en mi industria. En mi caso, mi madre me compartió numerosas enseñanzas que me sirvieron luego para crecer. Eso me dio un buen corazón y mucho coraje. Pero también ser ayudante de un especialista del oficio fue fundamental. Eso me dio toda mi habilidad.

Patricio Rozas

Estudios

- Enseñanza básico y medios.
- Mi primer oficio fue ser soldador calificado en todos los procesos de soldadura.
- Realicé cursos de contabilidad y tributarios, recursos humanos, administración de empresa.

Habilidades como empresario

- Preparación de presupuesto de millones de dólares en una conversación de 10 minutos.
- Planificación de un proyecto desde el inicio hasta el fin en una pizarra y explicación hasta llegar al término.
- Resolución de conflictos con grandes cantidades de personas involucradas.
- Asistencia a ingenieros para destrabar problemas de avance de los proyectos.

Cursos de especialización

- Contabilidad básica y avanzada.

- Tributaria a nivel Gerencial.

- Recursos humanos.

- Lectura de Alto Rendimiento, y curso avanzado de Lectura Veloz y Photo Reading.

- Oratoria y Disertaciones en público, en Método convencional y Método con aplicación de (PNL).

- Capacitaciones Unleash The Power Within (2018 y 2019), Business Mastery (2019), Date with Destiny (2019) con Tony Robbins.

- Capacitador de formadores de Programación neuro lingüística (PNL) con JOHN GRINDER.